银行业信息化年度成果报告
（2020）

李　伟　主编

中国金融出版社

责任编辑：吕　楠
责任校对：孙　蕊
责任印制：程　颖

图书在版编目（CIP）数据

银行业信息化年度成果报告．2020／李伟主编．—北京：中国金融出版社，2021.8
ISBN 978-7-5220-1252-0

Ⅰ.①银…　Ⅱ.①李…　Ⅲ.①银行业—产业信息化—研究报告—中国—2020　Ⅳ.①F832.3

中国版本图书馆 CIP 数据核字（2021）第 139794 号

银行业信息化年度成果报告（2020）
YINHANGYE XINXIHUA NIANDU CHENGGUO BAOGAO（2020）
出版
发行　中国金融出版社
社址　北京市丰台区益泽路 2 号
市场开发部　（010）66024766，63805472，63439533（传真）
网 上 书 店　www.cfph.cn
（010）66024766，63372837（传真）
读者服务部　（010）66070833，62568380
邮编　100071
经销　新华书店
印刷　北京市松源印刷有限公司
尺寸　169 毫米×239 毫米
印张　10.25
字数　141 千
版次　2021 年 8 月第 1 版
印次　2021 年 8 月第 1 次印刷
定价　49.00 元
ISBN 978-7-5220-1252-0

序

党的十八大以来，我国经济发展进入新常态，经济结构持续调整优化，金融改革深入开展，新兴金融业态快速兴起。银行业又一次迎来了转型的关键时期，需要不断调整经营战略和发展思路，提高金融服务质量，增强风险防控能力，提升国际化、市场化、综合化水平。为此，银行机构不断增强信息科技的技术实力和创新能力，在坚守金融安全底线的同时，运用现代信息技术创新业务模式和管理模式，推动经营转型。银行业信息化正从传统的支持保障角色逐渐转变为引领者和价值创造者，担负起更重要的历史使命。

近年来，遵循“安全发展”的指导思想，银行业信息化工作主要围绕业务连续性、风险管控、IT 架构、决策支持、运维管理、产品创新等领域展开，呈现出六大特点：一是重视关键信息基础设施的灾备建设，安全稳定运行实现新突破；二是注重流程改造和管理变革，“科技创新引领业务发展”态势明显；三是紧贴国家和行业发展方向，注重服务于国家战略；四是广泛应用先进技术，出现了一大批基于大数据、云计算、物联网、移动金融等技术的创新成果；五是新兴业态广泛涌现，体现了传统金融与互联网金融融合的趋势；六是贴近地方民生，体现区域特色，地方性金融机构科技创新体系整体效能稳步提高。

安全是发展的基础。习近平总书记在网络安全和信息化工作座谈会上明确指出，金融等领域的关键信息基础设施是经济社会运行的神经中枢，是网络安全的重中之重。面对日益严峻的网络安全形势，银行业围绕信息安全保障工作，积极运用云计算、分布式等技术开展重要系统改造，加强关键信息基础设施的灾备建设，强化生产运维管理，持续提升金融网络安全防护能力，积累了大量具有行业借鉴意义的成功经验。

发展是解决问题的关键。随着互联网经济和信息技术的快速发展，以移动互联、云计算、大数据等为代表的新兴信息技术与银行业务加速融合，银行机构积极运用现代信息技术推动基础服务转型和业务创新，涌现出大量行业优秀成果。一方面，通过改进业务模式、优化服务流程、强化信用管理，不断加大基础金融服务的覆盖面，提升其精准性和便利性，为更好地服务实体经济、发展普惠金融、推动供给侧结构性改革打下基础。另一方面，加强金融产品和服务创新，催生大量新型金融服务需求，全面提升金融服务能力，为社会公众提供更丰富、安全、便捷的金融服务。同时，随着金融科技的发展，积极探索互联网金融服务创新模式，以更加低廉和实惠的成本，快速高效地满足各种金融服务需求，更好地为实体经济发展提供有效的金融支撑。

为及时总结和分享银行信息科技的发展成果，展现其在深化金融体制改革和促进金融服务发展方面带来的经济效益和社会效益，加深社会各界对金融信息化的认知和理解，中国人民银行组织编制出版《银行业信息化年度成果报告（2020）》。本书以具有代表性的年度银行业科技成果为突破点，结合专家点评，总结了银行信息科技一年来的发展成果，展望了技术发展趋势，为将来的金融创新提供参考和借鉴。未来，银行业科技部门将继续努力，应对新的挑战，为中国银行业的改革发展与经营转型提供更强大的技术保障和引领。

本书编委会

前　言

当前，全球新一轮科技革命和产业变革正在加速演进，推进全球产业分工深化和经济结构调整。我国正处在经济增速换挡期，面对突如其来的新冠肺炎疫情，给我国乃至全世界经济发展带来挑战。

在外部环境复杂、内部经济发展机遇与挑战并行的情况下，金融机构积极响应国家“双循环”新发展格局的战略要求，大力应用金融科技手段，加快推进金融服务创新进程。

金融业关键信息基础设施是我国经济社会运行的神经中枢，为此构建稳定可靠的信息技术体系尤为重要。为满足业务高质高效要求，金融机构积极推进应用系统架构向分布式架构转型，均实现落地见效。新兴技术研究是金融科技的源头，金融机构将更多前沿技术付诸实践，探索将人工智能、区块链、云计算、大数据、物联网等技术应用于多种金融业务，不断取得业务创新突破。随着数字经济潜力不断释放，金融机构通过全方位科技创新，加速推进数字化转型升级，不断提高金融业数字化服务能力。面对金融风险的新趋势和新特点，金融机构不断加强网络安全风险管控和金融信息保护，建立健全信息安全体系，持续完善风险防控机制，信息安全水平得到进一步提高。随着金融科技的不断探索和创新变革，金融机构积极打造金融科技生态圈，不断拓展金融业务的广度和深度。金融与科技持续深度融合和协调发展，实现了金融科技支撑持续提升、金融服务水平明显提高、金融科技应用先进可控、金融风控能力稳步增强、金融科技产业繁荣发展。

2019年银行科技发展奖项目成果概览

2019年度科技发展奖获奖项目共计182项，其中特等奖1项、一等奖6项、二等奖73项、三等奖102项。

数量	奖项	机构	项目
1项	特等奖	网联清算有限公司	非银行支付机构网络支付清算平台
6项	一等奖	工商银行 建设银行 中国银行 微众银行 光大银行 农业银行	分布式技术体系建设项目 智慧政务综合服务平台 “e企赢”全球企业生态系统建设项目 鲲鹏芯片在银行应用项目 智慧云生活生态圈建设项目 全栈式技术中台
73项	二等奖	民生银行 国家开发银行 数字货币研究所 …… 37家机构	支付系统分布式架构建设 国家开发银行数据综合应用平台 法定数字货币双层营运体系的设计与实现 …… 73项成果
102项	三等奖	广发银行 邮储银行 国家开发银行 …… 69家机构	智能催收机器人项目 内部评级平台 基于分布式微服务架构的新一代数字化办公平台 …… 102项成果

金融科技应用逐步深化

	2015	2016	2017	2018	2019
分布式架构 distributed	18项	38项	51项	53项	132项
大数据 Big data	15项	41项	48项	62项	95项
人工智能 Artificial Intelligence	4项	12项	13项	29项	84项
云 cloud	12项	18项	32项	31项	55项
区块链 Block chain	0项	0项	4项	10项	16项

2016—2019年成果数量

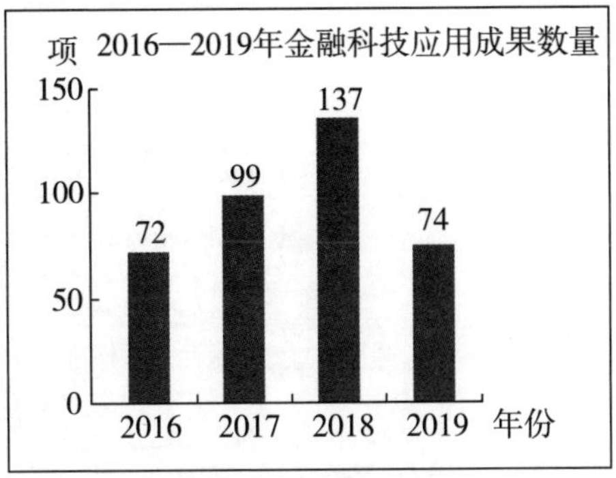

2019年银行科技发展奖项目成果特点

行业安全可控水平切实提升
- 聚焦信息技术创新应用
- 推动行业产业协同发展

分布式架构转型全面落地
- 构建银行机构的基础技术平台
- 行业分布式架构专项全面铺开

基础技术支撑能力进一步增强
- 夯实基础技术平台
- 提升研发、治理、创新能力

新技术应用赋能金融服务提质增效
- 拓展金融服务的广度和深度
- 推动转型升级，服务实体经济

金融科技生态圈进一步扩大
- 科技能力嵌入金融服务
- 开放共享、多方共赢

2019年度银行信息化建设技术热词

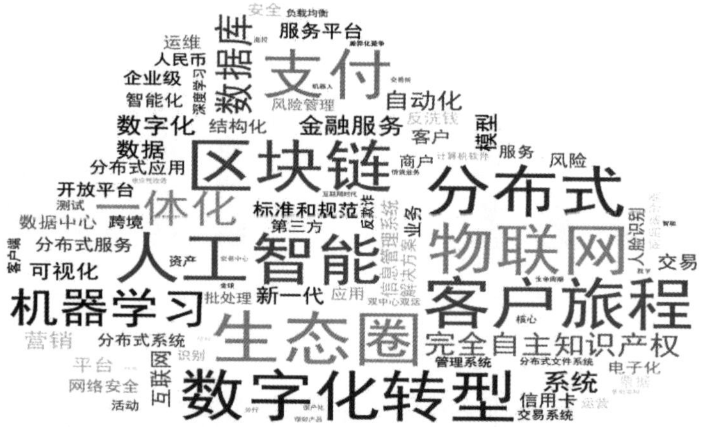

目　录

第一章　助力构建双循环新格局，增强服务实体经济能力

目前，新一轮科技革命和产业变革深入发展，国际力量对比深刻调整，人类命运共同体理念深入人心。同时，日趋复杂的国际形势导致不稳定性明显增加，新冠肺炎疫情影响广泛深远，经济全球化遭遇逆流，世界进入动荡变革期。习近平总书记强调，面向未来，要逐步形成以国内大循环为主体、国内国际双循环相互促进的新发展格局。这是以习近平同志为核心的党中央根据我国新发展阶段、新历史任务、新环境条件作出的重大战略决策，对我国实现更高质量、更有效率、更加公平、更可持续、更为安全的发展，有着重要而深远的影响。加快科技自立自强是畅通国内大循环、塑造我国在国际大循环中主动地位的关键，科技创新在畅通循环中发挥重要作用。为迎接“双循环”服务格局，金融机构主动担当，以金融科技为重要抓手，围绕重点民生领域，丰富民生基础设施建设，提升政府服务效能，推进金融普惠进程。同时，金融机构以助推企业全球化发展为目标，运用科技手段协助纾解小微企业融资困局、打通普惠金融“最后一公里”，更好地服务国家战略和实体经济，为构建双循环新发展格局贡献金融力量。

第一节　畅通国内金融循环，提高服务民生能力

构建新发展格局，关键在于实现经济循环流转和产业关联畅通，提升供给体系的创新力和关联性，促进国民经济良性循环。以国内大循环为主体，意味着要把满足国内需求作为发展的出发点和落脚点，生产、分配、流通、消费更多依托国内市场。畅通国民经济循环要优化供给结构，改善供给质量，优先改造传统产业，加快发展现代服务业。金融机构根据科技创新实践，完善国内金融体系，持续提高服务民生能力。同时，利用科技手段创新金融服务，衔接政府、企业、公众等生态参与者，构建便民、利民、为民、惠民新生态。

一、完善国内金融体系，丰富惠民服务场景

为坚持保障和改善民生，持续激发内需动力，提高人民群众的生活水平和质量，满足多方面生活缴费需求，中国光大银行积极贯彻党中央“为民服务解难题”的精神，落实国务院推进普惠金融发展的规划，通过普惠金融产品与场景化生活服务相结合的方式，搭建了智慧云生活平台。该平台以“光大云缴费”为基础，围绕居民生活、公共服务、社会管理等重点民生领域，围绕个人客户、企业客户和政务机构类客户，集便民服务和普惠金融为一体，打造智慧云生活生态圈，提高了客户服务能力，推动了金融服务普惠化，释放了金融科技赋能效应。

智慧云生活平台具有四大技术特点。一是坚持自主研发，全面应用分布式技术架构体系。平台基于中国光大银行自主研发的开发平台、运行平台、管理平台及组件库进行构建，利用云计算技术、

图 1-1　中国光大银行智慧云生活平台功能概况

分布式架构部署来支撑海量业务，实现云端业务的标准化交付。基于 MySQL+自主研发分布式中间件实现分布式数据库的应用。二是实践敏捷，构建以服务整合与开放能力为主的应用体系。通过对内不断集成多种类型的缴费项目，对外按统一的便民缴费金融接口规范进行输出，行内输出给手机银行、网上银行等 10 多个电子渠道，行外输出给第三方支付公司（微信、支付宝等）、同业机构（招商银行、民生银行等）、运营商（电信、移动等）以及网上商城（京东、苏宁等），极大程度地提升了民众的缴费便利性和服务的及时性，打破传统支付方式，使广大民众随时随地享受便捷的生活服务。三是以客户端及移动应用为触媒，服务模式下沉打造智慧云生活生态圈。建设云缴费客户端，支持 Android、iOS、H5、快应用等多种形式，提供开放式支付方式，对私支持微信、支付宝、银联，对公支持 27 家主流银行。四是智能化监控和严格的风控体系。该平台采用异步通信架构，支持流量控制、服务分组、动态隔离、交易路由、智能预测等智能化监控管理功能。通过统一交易监控平台、客户端性能监控平台、交易风险预警平台、Web应用防护平台等风险监控平台，针对交易欺诈、Web攻击等行为进行检测并处置。同时设置了交易流程、交易限额、交易资金清算等多种参数化的风险控制机制，以保障交易和资金的安全。

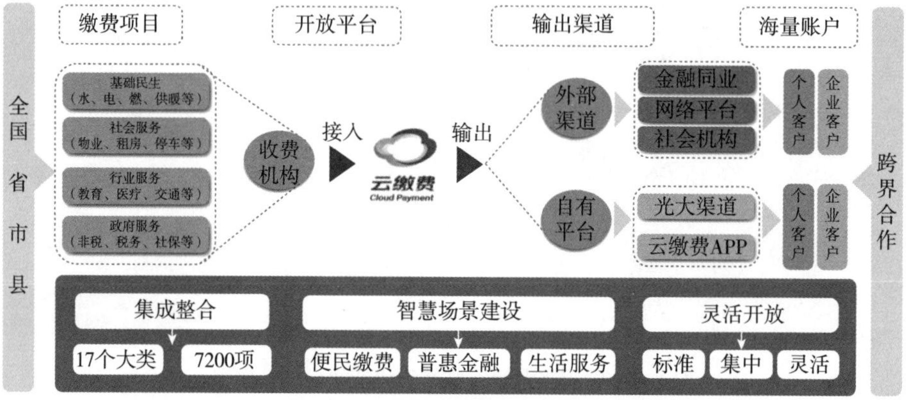

图1-2 中国光大银行智慧云生活平台总体架构

智慧云生活平台一端连接社会公共资源，另一端向社会输出公共缴费渠道。截至2019年末，该平台已整合丰富多样的便民缴费服务并输出至微信、支付宝等各大网络平台、电商平台、金融同业等400余家合作机构，基本上实现了国内主流服务平台全覆盖。在项目纵深上面向省、市、县三级拓展，提供水、电、燃气、物业、话费充值、有线电视、交通罚没等17个大类、220个小类缴费服务，医疗、交通、教育、物业等增值服务类项目，缴费项目累计7200项，输出机构413家，累计用户3.57亿户，累计交易笔数16.45亿笔，累计金额3593亿元，实现全国缴费超过20亿笔。同时还提供基于客户本地化的一体化生活服务和城市服务，已覆盖全国300余个城市，覆盖人群超过10亿人，满足我国广大人民群众对以缴费为基础的金融生活服务场景需求，为广大民众提供了便捷的缴费体验，增强了人民群众的获得感和满足感，节省了社会公共资源投入。

为丰富普惠民生服务场景，增加居民生活便利性，中国银联围绕线上线下一体化渠道互联互通，推出亿级用户规模银行业统一入口移动开放平台“银行业统一 App”——云闪付，为用户提供全生命周期的跨行账户服务、基于 Token 技术的移动支付服务和场景丰富的综合增值应用服务，并且依托银行账户打造业界领先的移动支付平台，为银行账户的移动互联网化转型和竞争力提升提供技术平台、应用基础及服务赋能。平台有如下技术特点：一是搭建分布式微服务治理框架，实现服务的自动注册发现及监控告警；二是自主研发异步化应用框架，实现非阻塞式的服务链式处理、自动调度，实现服务调用方与被调用方的解耦；三是通过对数据分级分布式缓存，提升服务响应速度；四是通过对分布式调用链跟踪进行微服务的治理、监控；五是通过高效可靠的分布式账务体系，实现海量账户的存储和高效随机读写；六是搭建分层组件化的客户端开发框架，提高 RN 业务可用性和用户体验；七是打造智能化的安全防控体系。

云闪付项目投产后，业务效果显著，引领了银行账户的移动互联网化转型。截至 2019 年 9 月，云闪付累计用户已超过 2 亿，余额查询、信用卡账单查询已支持上百家银行。同时，云闪付系统已覆盖交通出行、电子社保卡、税收缴纳、小微菜场等场景，推动普惠金融全面发展，为“支付工具全生态、支付场景广覆盖”总体目标的实现提供了有力支持。

在“互联网+”的时代背景下，中国银联秉承“让城市交通出行更便捷”的服务理念，采用“互联网+交通”策略，将银联支付产品运用到交通出行中，建设了交通出行应用服务平台，有效解决了乘坐公交、地铁等公共出行和车主出行场景中存在的行业痛点。以公交地铁场景为例，该平台有效发挥闪付与二维码应用优势，通过联机交易 ODA（Offline Data Authentication，即联机交易的脱机数据认

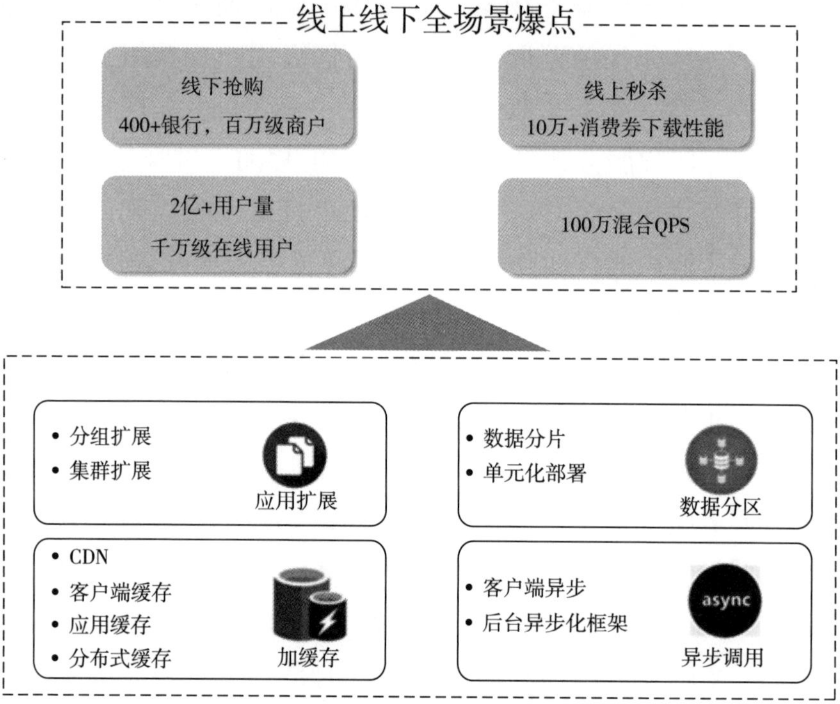

图 1-3 亿级用户规模银行业统一入口移动开放平台

证）的创新技术提升闪付的使用速度，结合行业特点形成联机预授权+ODA、异步联机预授权+ODA 等闪付解决方案，并通过双离线乘车码的创新技术有效突破公交地铁场景网络不稳定的问题，形成银联乘车码解决方案实现用户在公交地铁场景中快速挥卡及便捷扫码乘车，解决了用户需线下购票或多次充值的痛点，促进了创新支付技术在交通场景的产业化、规模化应用，并在应用中不断升级改良，实现技术从可用到好用的升级。该平台业务已辐射全国交通场景，助力建设国家“交通强国”战略部署，并将国内的拓展建设经验延伸至境外，在莫斯科地铁等项目中复制推广，服务“一带一路”倡议。

截至 2019 年末，中国银联交通出行应用服务平台已为超过 1600 个城市公交、30 座城市地铁、约 1.1 万座加油站、20 万个充电桩、

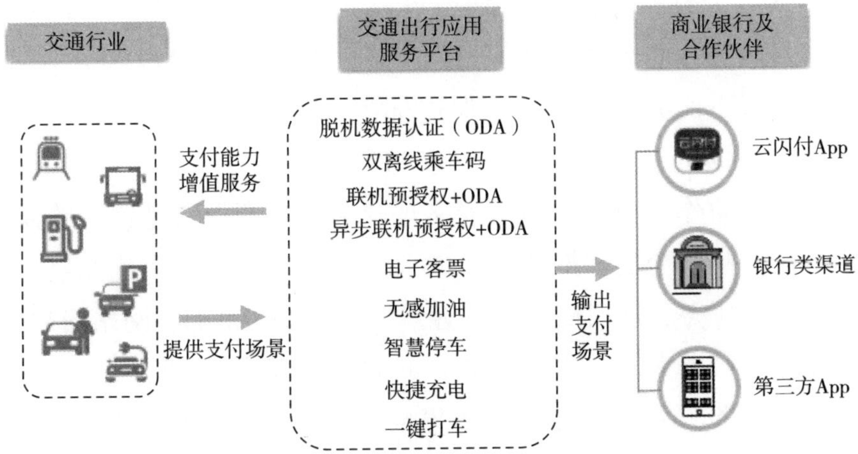

图 1-4　交通出行应用服务平台

1 万个停车场、全国 TOP 商户（如滴滴、神州、首约、一嗨等）提供以闪付和二维码支付为主的数字支付解决方案，助力了交通出行场景从传统的现金交易向银行卡交易模式的转变，大大提升了金融 IC 卡及银行卡移动支付交易在交通行业的渗透率。

二、创新智慧金融服务，协助提升政务效能

近年来，国家在“互联网+政务服务”、政务信息资源共享、优化营商环境等方面提出更多要求，旨在通过对政府的数字化改造，促进平台型、数据型、开放型、服务型政府的全面发展。中国建设银行发挥制度优势、结合金融特点，推出“金融科技”战略，以助力数字政府建设，并按“建生态、搭场景、扩用户”的数字化经营理念；以数字化技术重修金融“水利工程”，以金融资源回馈社会，将金融活水源源不断地滴灌至实体经济和人民群众最需要的地方。中国建设银行智慧政务服务平台旨在打造以金融科技+政务平台+政府垂直管理领域+政务行业服务领域的“1+3+M+N”政务生态体系。其中“1”为金融科技基石力量，“3”为“互联网+政务服务”+“互联网+监管”+“智慧治理”平台，“M”为政府垂直管理

领域，“N”为政务行业服务领域。

智慧政务服务平台以新金融的理念首次探索“政银合作”模式，具备以下四大创新：一是促进部门合作，实现信息共享。对政务服务大数据进行整合、深化共享和利用，促进政府部门间行政职权和数据的协作互通，助力政府实现政务信息资源跨地区、跨层级、跨部门的共享、交换，推动政府内部业务高效协同，优化办事流程。二是全渠道服务，随时随地服务客户。整合手机 App、网站门户、微信公众号、政务大厅、银行网点、自助终端等线上线下渠道，提供行政权力服务、公共服务、行业集成、互动交流等服务内容。三是流程重构，一件事一次办。针对政务服务事项，提供场景化梳理、主题服务梳理、流程优化等专业定制方案，以群众和企业的需求为出发点，梳理整合相关流程、材料，对重复提交的申请材料进行精简，对办理环节进行合并、优化，对简单事项进行无纸化审批，实现“多次填表、多个流程、多次跑”向“一个表单、一套材料、一次领证”转变，提升办事效率。四是共享建设银行资源，延伸政府服务。开放渠道服务资源，使之成为既能提供金融服务又能提供政务服务的综合载体，按照“线上线下多渠道、全方位、广覆盖”的思路推动建设银行网点、村口银行等渠道成为百姓身边的政务大厅，提供“最后一公里”的政务服务，助力提升政府服务效能，丰富普惠民生路径。

智慧政务服务平台自上线以来，与 25 个省签订 41 份省级协议，推进多个自主研发的科技产品实施落地。其中“互联网+政务服务”平台已完成 2 个国家级单位、13 个省级以及部分地市级单位上线，推进实施 8 个省级以及部分地市级单位；“互联网+监管”平台已在 4 个省级单位上线，2 家地市级单位推进落地。截至 2019 年末，整体平台注册用户 1500 万，办件量已达 3000 万笔，支持各类百姓办事数量 200 万项。已完成近百余个市、县政务服务平台对接，上线 5200 余

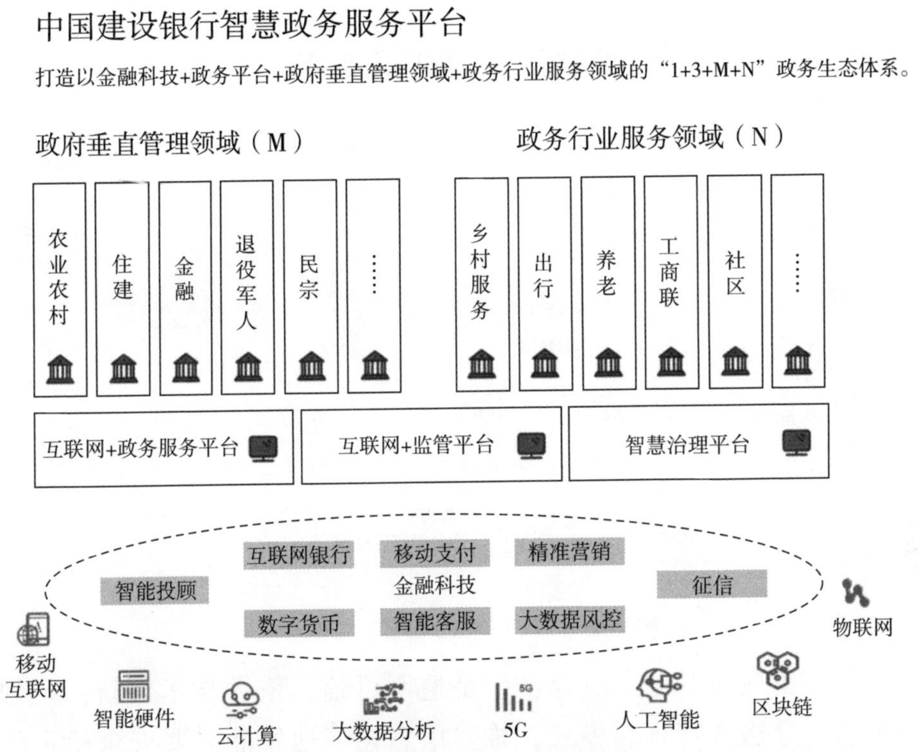

图 1-5　智慧政务服务平台整体架构

个公共便民服务交费事项，涉及服务范围（10 个大类，48 个子类）包含教育、公安、社保医保、税务、交通、公积金、征信等便民服务，实现覆盖国家、省、市、县（区）、乡（街道）五级近百万政务事项在线可查询、可预约、可办理，大力提升了当地政务服务水平，实现了行政服务高效化，公共服务便民化，社会治理科学化。

在“双循环”新发展格局下，重大区域不仅将成为双循环体系的重要节点枢纽，而且将通过产业链转移、升级、重构等方式更好、更快地实现内部均衡发展。中国工商银行联合雄安新区管委会，按照“世界眼光、国际标准、中国特色、高点定位”的数字雄安建设要求，共同打造“数字雄安生态链”，构建“金融+数字城市”有机融合生态，全面支持政务（G 端）、产业（B 端）、民生（C 端）业

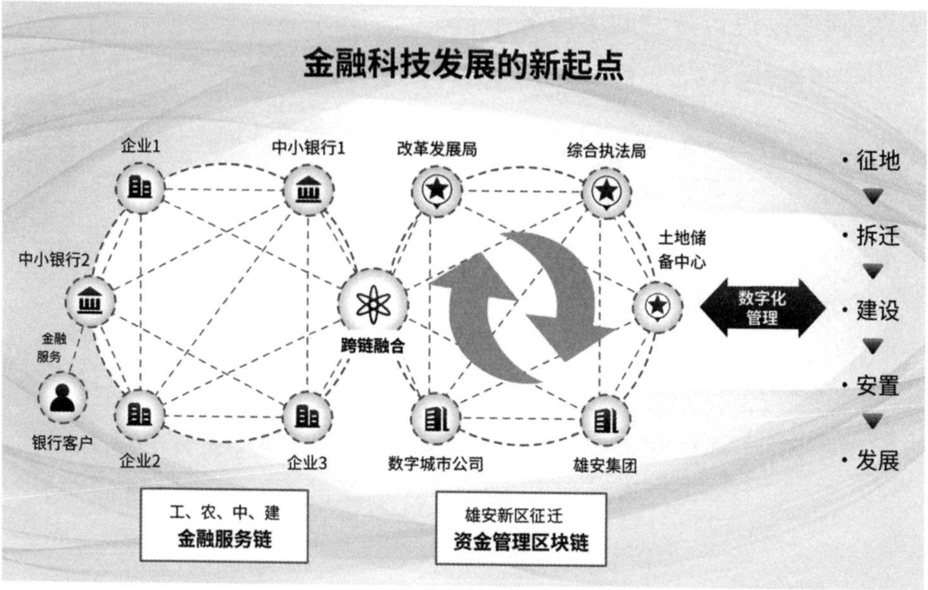

图 1-6 “数字雄安生态链”整体架构

务服务，实现如下三个目标：一是透明可信，依托技术创新，开创政务资金穿透式管理新模式；雄安信息化快速发展需要安全稳定的底层基础设施，除了基础设施云、块数据以外，还需要提供区块链平台，支持基于多方信任的场景建设。二是跨界互联，打造面向行业、政府、企业、群众的开放互联的生态圈，共同推进雄安的数字化建设。三是绿色智能，通过建设不同的业务服务，沉淀不同领域的数字资产，综合所有的数字资产进行智能分析，实现智能监管、精准服务、数字信用等。

“数字雄安生态链”是区块链技术在金融行业大规模应用的典范，该生态链全面支持数字雄安的政务、产业、民生服务，已成功通过了充分的实践考验，通过“数字雄安生态链”的建设，形成诚信社会的正向激励和无形约束，构建安全可靠的“诚信雄安”、建设“技术硬控制”的“廉洁雄安”、打造便民利民的“绿色雄安”，助力雄安新区创建城市管理的新样板。截至 2019 年末，征迁资金管理区块链平台已累计线上拨付征迁款140亿元，惠及三县79个村16745户征迁安置居民，工程建设资金平台资金拨付总金额7000万元，征迁群众基本养老保险平台实现14亿元养老补贴资金的及时到位，获得新区管委会、中纪委、中国人民银行支付结算司等单位的高度认可。同时，基于“数字雄安生态链”在雄安新区的实践，持续加强区块链技术在政务、产业、民生场景创新应用，将“数字雄安生态链”推向纵深应用。目前，“数字雄安生态链”的建设成果，已陆续在南京、北京等地推广落地，为新时代高质量发展提供“中国样板”。

第二节　加速国内国际双循环，扩大金融高水平双向开放

国际市场是国内市场的延伸，推动国内国际双循环，必须坚持实施更大范围、更宽领域、更深层次的对外开放。金融机构积极推动科技创新在畅通循环中的关键作用，健全跨境金融服务体系，推动企业全球化发展，从而形成更加紧密稳定的全球经济循环体系，促进各国共享全球化深入发展机遇和成果。在新发展格局下，跨境金融对促进企业全球发展具有重要作用，大力发展跨境金融有利于企业融入全球市场，畅通国际循环体系，为企业国际化提供助力，为实现开放包容的经济发展注入动能。金融机构响应普惠金融战略，持续推进“中国式支付”的全球化和高水平双向开放，为进一步扩大市场准入、创造公平的市场环境、在更高水平上引进外资提供助力。

一、丰富跨境金融服务体系，拓宽国际金融服务渠道

金融机构围绕国家深化对外开放战略、深入推进供给侧结构性

改革、普惠金融发展三大战略，打造全球支付受理产品，助力国际金融循环畅通。以中国银行“中银智慧付”全球服务项目为代表的信息系统建设项目，构建了“中银智慧付”全球服务生态体系和统一品牌，打造了全球支付受理产品，支持境内外客户线上线下多渠道支付及衍生需求，突出海外地区与境内粤港澳、京津冀、长三角共“四大区域”联动融合发展。该项目构建了全流程、全要素、全渠道的“中银智慧付”产品架构，打造了科技驱动的服务体系，赋能包括商户审批、产品接入、商户服务、增值延伸在内的业务经营各环节。通过建设全球数字化支付能力、打造跨境立体化支付体验、建成商户综合化服务体系，“中银智慧付”以创新的“中国式支付”服务全球商户与个人客户，最终实现了全球一体化商户拓展及服务体系，赢得了业界良好口碑。

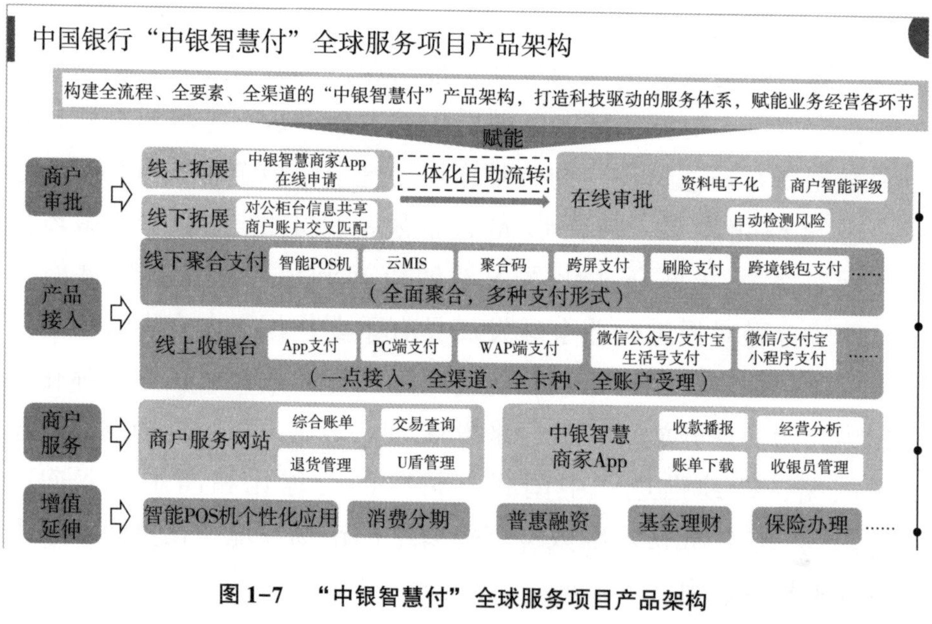

图 1-7 “中银智慧付”全球服务项目产品架构

2019 年，“中银智慧付”生态体系实现了经济效益“海内外跨境”“公私跨领域”协同增长。截至 2019 年末，总交易量达 20 亿笔，海外支付受理交易额达155亿美元，跨境受理市场份额领先。通过场景搭建、跨界合作，“中银智慧付”为多项国际会议和多个电商协会提供了跨境支付服务，促进了跨境交流，助力国内企业国际化经营战略。“中银智慧付”全球服务项目构建了全球平台型生态体系，完成了从传统支付手段到“新型聚合支付”的平滑迭代，实现了与当地市场的真正融合，改善了海外地区受理环境，进一步提升中国支付品牌的国际影响力。通过打破行业壁垒，拓宽生态边界，将金融服务无缝融入实体经济和生活场景，践行“服务民生”国家战略，升级境内支付受理环境，实现“金融惠民”。

为了向全球黄金市场提供更多的投资机会，同时使中国黄金市场也能更好地融入全球市场，上海黄金交易所研发上金所国际板系统，开通了国际板业务，成为中国（上海）自贸区推出的首个国际化金融类资产交易平台。经过五年的蓬勃发展，国际板实现中国黄金市场境内境外的互联互通，推进了人民币国际化进程，提高了中国在国际黄金市场中的地位。上金所国际板系统是一套与国际接轨的全新系统。在业务方面，该系统除了支持主板现有的业务功能，还要对国际板特有的业务做系统支持，比如国际充抵业务、会员加收保证金、会员加收手续费；在技术方面，该系统充分考虑了高性能、高可靠性、高可用性、高可扩展性、高可管理性五大重要特征，采用了全新的技术路线和技术框架，充分提高了系统性能和稳定性，有效保障系统运行安全。

二、健全国际金融循环体系，推动普惠金融纵深发展

为了推动更高水平的对外开放，更深度地融入全球经济，需要进一步扩大市场准入，创造更加公平的市场环境，在更高水平上引进外资。为方便中国企业在全球市场开拓业务，支持企业高质量“走出去”和高水平“引进来”，可以高效利用我国大型金融机构全球化布局的优

势，支持外贸转型升级，开拓市场，持续扩大对外开放。中国银行积极贯彻落实习近平总书记“人类命运共同体”理念，构建了中国银行“e企赢”全球企业生态系统，打造企业全球化发展社区，打通企业间、银企间、政企间的连接，满足企业在全球化发展过程中高效、精准获取各类资源的需求，打造企业服务的新模式。

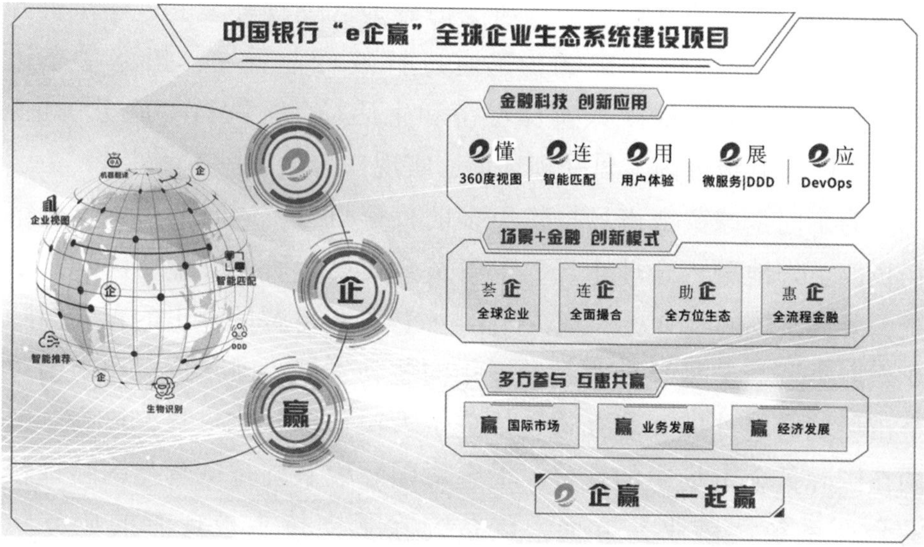

图1-8 “e企赢”全球企业生态系统产品概况

“e企赢”全球企业生态系统多渠道汇聚优质企业资源，以全球首创的跨境撮合场景为核心，在企业间构建精准连接，打造集政府、银行、企业、第三方服务商于一体的全方位生态体系，嵌入全流程金融服务，为企业全球发展提供整体解决方案，助推多方互惠共赢。平台具有如下六大创新特点：一是具备良好的开放和协作能力，从多渠道汇聚优质客户资源：依托中国银行全球服务网络，汇集行内沉淀客户；与国内外各级政府及商会长期合作，引入精英企业；通过多种实名方式进行客户认证，吸纳企业自主注册，共享发展商机。二是具备精准的客户分析能力，利用大数据技术，对全球企业的结构化与非结构化数据进行挖掘、建模，形成企业的动态360°视图，并通过公私信息联动，建立企业与法人之间的交叉关系图，实现智能风控、精准撮合和智能营销。三是具备强大的智能匹配能力，自建专业词库，从企业信息中高效挖掘意向；应用机器学习等人工智能技术，打造双脑驱动的智能匹配引擎，自反馈、自更新，准确率高；应用协同推荐算法打造智能推荐引擎，根据成长周期挖掘企业需求，为其推荐潜在合作客户；应用匈牙利算法实现排序最优解，使与会客户获得最优洽谈安排。四是提供灵活丰富的撮合服务，平台支持客户自主选择洽谈对象，为客户多维度智能匹配合作伙伴；在线下一对一洽谈之外，推出远程视频洽谈，将机器翻译嵌入洽谈全程，帮助企业实现跨国沟通和合作，搭建科技鹊桥。五是提供全方位的综合服务，以企业为核心，整合政府和第三方服务商，打造集企业社交、电子商务、信息共享于一体的“线上+线下”的综合生态体系，会员可随时随地享受一站式综合服务及流畅体验。六是提供全链条的金融服务，深耕场景金融，在基础金融产品之外，打造与场景深度融合的金融产品，全链条嵌入生产经营各环节，惠及企业发展。

“e 企赢”响应“一带一路”倡议，服务国家战略，有力支持贸易自由化与经济全球化。截至 2019 年末，中国银行已在全球举办 61 场跨境撮合活动，服务 125 个国家及地区的 3 万余家平台企业，其中涵盖了 70 余个“一带一路”国家的 3000 余家企业。连续两年举办中国国际进口博览会供需对接会，为来自 103 个国家及地区的 8000 余家企业提供撮合服务，促成合作意向 3000 余项，为推动国家新一轮高水平对外开放，加快构建新发展格局输出金融动能。平台已汇集数十万中外优质企业，提供精准撮合 2 万余次，线上互动 3 万余次、翻译服务近 4 万次，促成合作意向 1 万余项，全方位促进企业合作，推动企业融入国际市场。项目围绕企业全球合作发展提供全套金融服务，开辟获客、活客新渠道，为普惠领域业务发展注入崭新

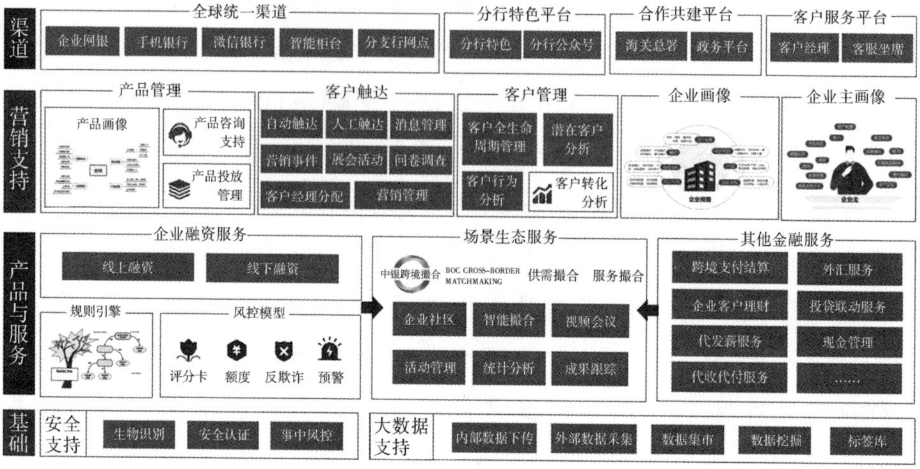

图 1-9 “e 企赢”全球企业生态系统产品架构

活力。中国银行“e 企赢”全球企业生态平台，以场景+金融的服务模式，为企业全球发展提供整体解决方案，促进企业融入国际市场，推动银行业务创新发展，助力全球经济共同繁荣，实现多方互惠共赢，为加快形成新发展格局贡献中国银行的力量。

国家外汇管理局高度重视金融科技的创新与应用，认真贯彻落实党中央、国务院有关金融服务实体经济的部署要求，从帮助解决中小企业融资难、银行风控难、部门监管难等问题出发，积极研究推进区块链技术在外汇管理中的创新运用，于 2019 年推出基于区块链技术的跨境金融区块链服务平台。该平台定位于服务实体经济，首期推出“出口应收账款融资”和“企业跨境信用信息授权查证”两个应用场景，通过建立银企间端对端的可信信息交换和有效核验、银行间贸易融资信息实时互动等机制进行融资业务流程优化再造，实现资金收付、质押物凭证、融资申请、放款等多种信息共享协作，便利银行快速准确办理企业融资平台审核和信贷授信查证。平台着力解决虚假、重复融资问题，增强融资授信，提升融资效率，探索出一条缓解中小企业跨境融资难、融资贵问题的有效路径。

在此基础上，推进更多外汇业务和参与方上链，充分发挥区块链技术应用效果，打造跨境金融领域信用生态环境，推进跨境贸易投融资和支付便利化。

跨境金融区块链服务平台已实现出口应收账款质押融资、企业跨境信用信息授权查证、服务贸易支付便利化等业务场景，应用效果显著，受到市场主体欢迎。截至2019年末，试点范围扩展到19个省市，自主自愿加入平台的法人银行超过170家，完成融资放款金额折合117.92亿美元，服务企业共计2155家，其中中小外贸企业占比75%以上。数据证明，跨境金融区块链服务平台有助于缓解中小企业跨境融资难问题，可有效降低银行融资业务风险，能显著提升银行融资业务办理效率，实现寓监管于服务理念，夯实事中事后监管手段。

第三节 小 结

为更好地构建“双循环”新发展格局和高水平对外开放，金融机构拓宽金融服务半径，打造“跨金融机构互通、线上与线下打通、金融与公共领域融通”的服务新渠道，把创新力转化为未来发展实力，赋能普惠金融，服务实体经济，为加快构建新发展格局提供有效的金融支持。光大银行等机构着眼于民生领域，通过普惠金融产品和场景化生活服务相结合的方式，提高客户服务能力及推动金融服务普惠化，释放金融科技赋能效应。在智慧政务领域，中国建设银行以金融资源和科技优势助力政府提升治理能力的现代化水平，为优化营商环境、打造诚信社会乃至推动国家数字经济贡献智慧和力量。工商银行与河北雄安新区管理委员会联合推出的“数字雄安生态链”，探索金融机构与政府合作共建、加快区位数字经济发展的新模式，全面助推新区创新、绿色、高质量发展。以中国银行“e企赢”项目为代表，大力支持小微企业，为企业全球发展提供整体解决方案，促进企业融入国际市场。国家外汇管理局牵头工商银行、中国银行等多家商业银行，建设跨境金融区块链服务平台，帮助解决中小企业融资难、银行风控难、部门监管难等问题，助力全球经济共同繁荣。未来，金融业将持续坚持以国内大循环为主体、国内国际双循环相互促进的发展理念，持续助力信息科技创新发展，为统筹推进疫情防控和经济社会发展注入金融创新活水，为构建新发展格局、实现高质量发展贡献金融力量。

第二章 完善金融关键基础设施，夯实金融信息服务基石

在中国经济转型升级、提质增效的关键时期，我们将迎来一个以金融科技为驱动，场景化、智能化发展的全新时代。尽管我国金融科技的发展速度已经走在了世界前列，但在技术变革外部驱动和数字化转型内生需求的推动下，金融机构仍然面临业务信息化变革的压力。人工智能、区块链、大数据、物联网等前沿技术推动了数字经济、数字社会的发展，带来了海量的新需求，也正在不断推动各行各业原有的基础设施转型升级。金融信息基础设施是金融市场发展的核心支撑，是金融市场稳健高效运行的保障，也是宏观审慎管理和强化风险防控的重要抓手。只有坚持强基固本，建设高效规范的金融信息基础设施，才能促进金融风险管理水平提升，更有效地服务于经济增长、技术创新及金融体系升级，助推供给侧结构性改革，夯实金融信息服务的基石。

第一节 完善金融市场基础设施，助推数字经济快速发展

近年来，我国金融市场信息基础设施在顶层设计、统筹建设、管理运行上呈现数字化、平台化、智能化的特征，服务金融体系和实体经济的能力持续提升。数字经济快速发展也对金融市场信息基础设施的建设提出了更高的要求，为此应加快构建多元化、多层次、

广覆盖的数字金融基础设施体系，同时满足一般性公共服务和差异化、自主化服务需求。各金融机构通过科技创新持续优化全国性金融交易平台的建设，打造电子化贴现服务平台、提供基于 Token 技术的跨行账户管理服务、完善本外币核心交易系统及法定数字货币发行流通体系，有效促进金融流动性、便捷性、安全性水平提升，助推我国数字经济快速发展。

一、提升交易平台数字化水平，规范金融市场业务运营

在债券、票据、黄金、外汇、股票等金融交易市场中建立全国性金融交易平台，是支撑备付金存管、国债、外汇等核心金融市场业务运营的基石。2019 年 2 月 14 日，中共中央办公厅、国务院办公厅印发《关于加强金融服务民营企业的若干意见》，要求加大对民营企业票据融资支持力度，简化贴现业务流程，提高贴现融资效率。票据贴现具有门槛低、成本低和方便快捷的优势，是支持民营小微企业融资的重要手段。为更好地满足实体经济融资需求，上海票据交易所在中国人民银行的指导下研究并推出了“票据贴现通业务”，依托于中国票据交易系统搭建了“票据贴现通业务”系统。该业务系统提供两项主要功能：一是贴现业务的信息撮合。通过全国性贴现服务平台，为贴现申请人和贴现机构提供贴现意向的发布、搜寻和服务匹配功能，拓宽贴现业务选择面，破解贴现市场信息不对称和授信、信贷资源不均问题，化解融资难问题。二是贴现业务的线上开展。“票据贴现通业务”系统支持贴现申请资料的电子化和票据贴现流程的线上化，企业登记信息可用于向多家贴现机构询价使用，提高比价效率，缓解融资贵问题。

票据贴现通业务系统的建成，在活跃市场交易、提升票据市场运行效率、打破价格信息壁垒、规范票据经纪行为、强化票据融资功能等方面有着极大的促进作用，有利于推动全国贴现市场的统

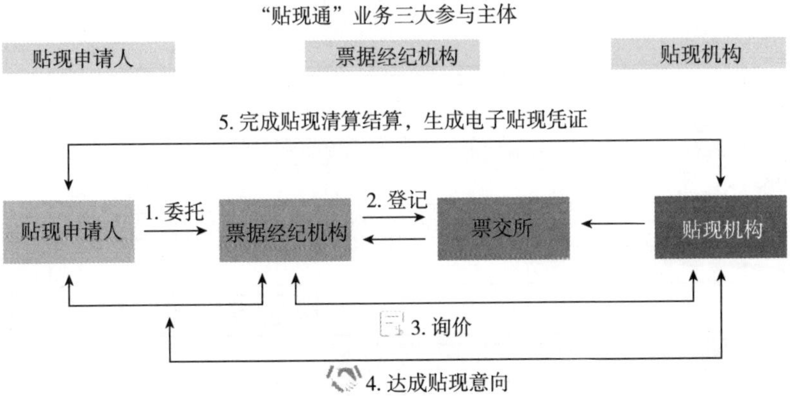

图 2-1　票据贴现通业务系统总体流程

一，深化金融供给侧结构性改革，精准滴灌民营小微企业。通过该系统，银企沟通方式由"点对点垂直沟通"向"点对面扁平沟通"方式转变，企业对贴现机构的选择面由合作银行一次性拓展至全部贴现机构。票据贴现通业务系统投产后平稳运行，业务量稳步增长，逐渐显现出对贴现市场的积极作用。上线半年，系统共计为2720家贴现申请企业提供服务，接受委托票据6653张，票面金额合计98.19亿元，其中5130张票据达成贴现意向，票面金额合计74.92亿元。

2017年7月，中国人民银行印发的《中国人民银行关于加强电子商业汇票交易管理有关事项的通知》（银发〔2017〕165号）明确纸电票据交易实施系统融合。上海票据交易所在保留原有电子商业汇票系统和中国票据交易系统功能划分和系统设计的基础上实现了两系统的功能融合，真正实现了纸质票据和电子票据的同场交易。一是将电子票据和纸质票据统一通过中国票据交易系统开展票据交易、登记托管、清算结算，形成票据市场的一体化、穿透性管理。二是实现电子票据和纸质票据再贴现统一通过中国票据交易系统办理，提升再贴现业务的办理效率，发挥央行货币信贷政策的精准"滴灌"效应。三是建成统一、安全、高效的电子化票据交易平台，加快推进票据市场向电子化、标准化方向发展。

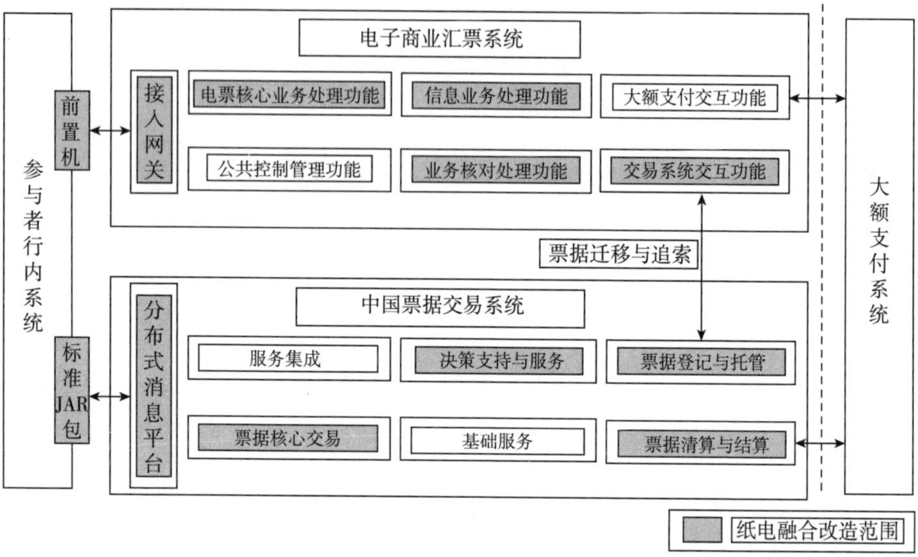

图 2-2　纸电票据交易融合逻辑架构

据统计，全国 369 家电子商业汇票系统接入机构和 2361 家法人金融机构已完成了规定的上线目标。截至 2019 年末，票据转贴现累计交易量 388220. 16 亿元，日均交易量 1552. 88 亿元；质押式回购累计交易量 120422. 04 亿元，日均交易量 481. 69 亿元；贴现票据的提示付款业务量 183252. 21 亿元，日均交易量 733. 01 亿元。2019 年，参与背书转让的企业数量有 245. 11 万家，与 2018 年同期相比增长 24. 89%。纸电票据交易融合系统的投产上线，标志着全国统一、安全高效的电子化票据交易平台基本建成，国内纸质票据和电子票据市场进入统一化、规范化、标准化的发展轨道，具有重大的社会效应和经济效应。

中国外汇交易中心的新一代数据交换平台（以下简称 DEP）是中国外汇交易中心极为重要的基础技术设施的更新换代系统，它的顺利推出为银行间外汇市场的创新及发展提供了坚实有力的保障。

DEP构建企业级数据模型和数据交换标准，实现交易中心各类数据的全生命周期管理，为交易中心提供了企业级高速统一的数据交换服务，有效保障了数据安全，有力支撑了交易中心业务拓展。DEP主要包含数据交换、数据治理体系、一体化监控和金融标准等功能模块。具有可靠UDP组播技术、支持面向服务的架构、全链路一体化监控、快速索引、协议转换、服务治理等功能优势。其中可靠UDP组播技术，使用NACK机制，提高传输效率，达到了10微秒级别的传输延时和10万级TPS，同时具有消息重传机制，保证传输的可靠性，实现了底层数据通信，支持一对一、多对多、多对一的高速数据传输，且保证多个消息接收者的平稳接收。

DEP的建成为银行间外汇市场的创新及发展提供了坚实有力的保障。一是提高本外币核心交易系统的交易效率。二是提高交易中心系统间数据传输的效率。目前交易中心超过90%的系统已经使用DEP做数据交换，极大提高了数据传输效率和可靠性，降低了行情分发的延时，提高了身份认证的效率。三是DEP为交易中心提供7×24小时业务连续性技术保障，可以满足中国外汇交易中心日益增长的多样化业务需求，进而保证银行间外汇市场运行体系的稳定。

二、研究法定数字货币运营模式，奠定法定数字货币推广基础

随着科学技术的进步和数字经济的兴起，传统货币形态正在经历深刻变革。2014年，中国人民银行启动数字货币的前瞻性研究工作，对其发行框架、关键技术等进行专项论证；2016年，中国人民银行成立数字货币研究所，完成法定数字货币第一代原型系统搭建；2017年末，经国务院批准，中国人民银行组织商业机构共同开展法定数字货币研发试验。发行法定数字货币是一项复杂的系统工程，在设计和发行、流通法定数字货币过程中，要充分考虑系统、制度设计所面临的多样性和复杂性，既要充分保证系统的可靠性和

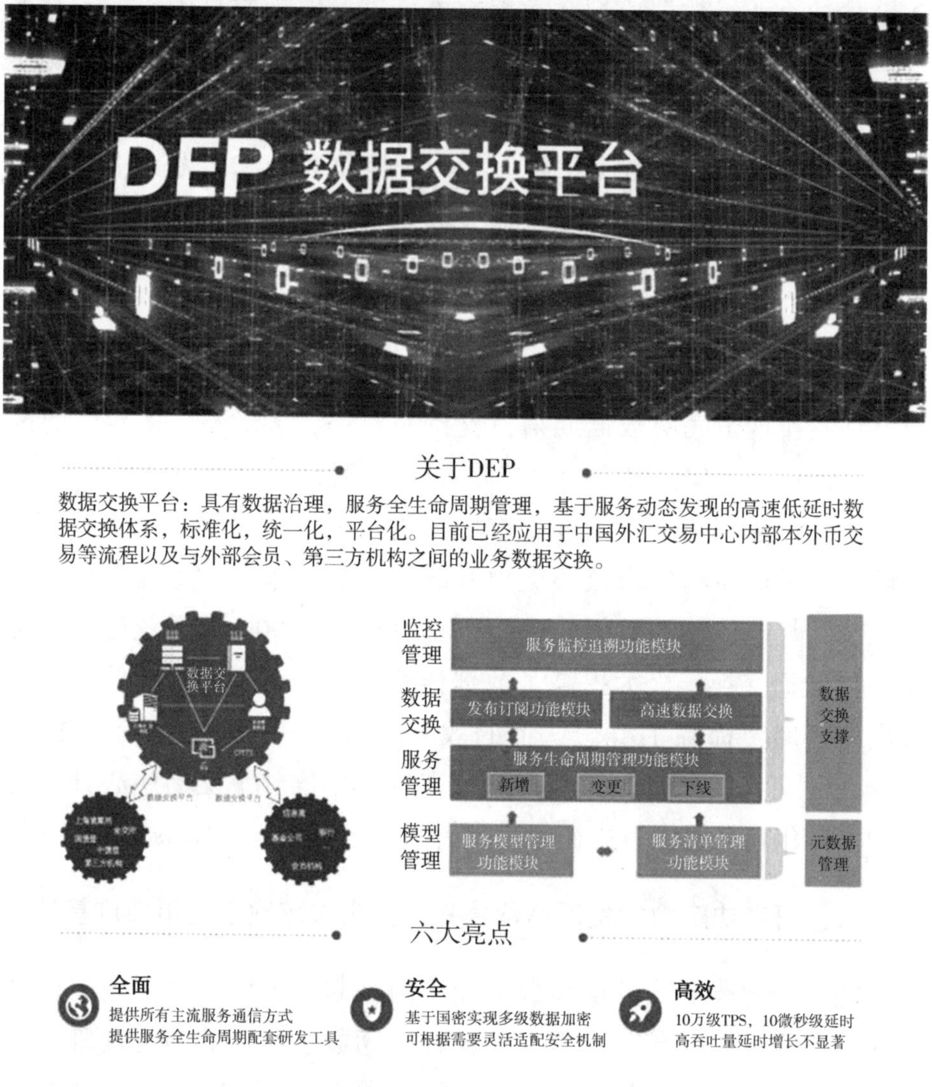

图 2-3　中国外汇交易中心数据交换平台

安全性，又要避免对现有金融体系造成冲击。在全面考虑上述因素的基础上，我国法定数字货币设计了双层运营体系，目标是充分利用商业机构现有资本、人才、技术等资源优势，有效分散化解风险，避免对货币政策和金融稳定产生影响，同时提升央行数字货币的便捷性和服务可得性，增强公众使用意愿。

图 2-4　法定数字货币双层运营模式

数字人民币采用的是双层运营模式，中国人民银行负责数字人民币的发行、注销、跨机构互联互通和钱包生态管理，同时审慎选择在资本和技术等方面实力较为雄厚的商业银行作为指定运营机构，牵头提供数字人民币兑换服务。在中国人民银行中心化管理的前提下，兼顾稳定和创新，与其他商业银行及机构的合作，共同提供数字人民币的流通服务。具体来说，被指定为运营机构的商业银行负责在中国人民银行的额度管理下，根据客户信息识别强度为其开立不同类别的数字人民币钱包，进行数字人民币兑出兑回服务。同时，被指定为运营机构的商业银行与其他商业银行及相关机构一起承担数字人民币的流通服务并负责零售环节的管理，提供包括支付产品设计创新、场景拓展、市场推广、系统开发、业务处理和运维等服务，实现数字人民币安全高效运行。在此过程中，中国人民银行应保持公平的竞争环境，确保市场发挥资源配置的决定性作用，以充分调动市场的积极性和创造性，保持金融体系稳定。根据双层运营体系业务模型，法定数字货币全生命周期包括发行、兑换、流通、注销等环节，其中，发行和注销是中国人民银行面向运营机构提供的服务，兑换和流通是运营机构面向用户提供的服务。发行是指中国人民银行向运营机构提供数字人民币；兑换是指用户使用现金、银行存款等方式通过运营机构兑出数字人民币，或者由用户将数字人民币兑回为现金或银行存款；流通是指用户之间数字人民币收付行为；注销是指运营机构向中国人民银行申请或由中国人民银行主动调减运营机构的数字人民币。

中国人民银行在全球范围内最早系统化地开展法定数字货币研究，在关键领域已取得阶段性研究成果，促成我国在法定数字货币领域的先发优势。双层运营体系的理念的提出，既符合中国国情，确保央行中心化管理，又能够充分利用现有资源，调动商业机构的积极性，实现法定数字货币的安全高效运行。双层运营体系的设计和实现框架的提出，为法定数字货币正式推出提供了核心支撑，标志着中国人民银行不仅在理论研究方面取得全球性的领先地位，并且在法定数字货币的研发和实践上也占据了先发优势，为各国法定数字货币的研究和实践提供借鉴。

第二节　推进支付清算系统建设，打造行业公平竞争环境

网络支付市场已高速发展多年，支付及清算场景不断丰富，业务量呈井喷式增长，支付市场风险引起党中央、国务院高度重视。为加强非银行支付机构监管，网联清算有限公司搭建了非银行支付机构网络支付清算平台，致力于创造公平竞争环境，实现对支付业

务的穿透式监管，是党中央防范化解系统性金融风险的重大举措。为落实国家和中国人民银行关于支付系统业务连续性的相关要求，各支付清算机构致力于保障清算系统的高效、安全、稳定运行，通过升级支付清算基础设施，提高支付清算业务的处理能力，不断增强金融服务水平，为金融业转型升级持续赋能。

一、强化非银行间清算体系，促进行业健康发展

支付机构与银行间多头直连模式，带来了违规清算、资金挪用等风险以及标准不一、资源浪费等问题。2016 年 4 月 12 日，国务院办公厅发文，明确规定非银行支付机构应通过合法清算机构开展跨行支付业务。2016 年 4 月 14 日，中国人民银行与其他 14 个部委联合发文，进一步明确：支付机构开展跨行支付业务必须通过中国人民银行跨行清算系统或者具有合法资质的清算机构进行。同年 8 月，由中国支付清算协会牵头启动非银行支付机构网络支付清算平台（以下简称“网联平台”）筹备工作，并于 2016 年 10 月 20 日由中国人民银行正式批准筹建，网联平台建设自此拉开序幕。

网联平台是全球领先的零售支付清算平台，是我国重要的金融信息基础设施，主要处理涉及银行账户的网络支付业务，提供交易信息转接和资金清算服务，实现支付机构“一点接入、集中清算”，并提供争议解决、信息传输等专业化的配套及延展服务。在防范化解系统性金融风险方面，建设风险防控系统，建立事前预警、事中识别、事后分析机制，持续提升黑白名单、限额管控能力；建立针对违法违规交易的监测模型，助力开展违法行为监管；建立交易风险行业协同机制，形成可疑交易监测、反馈的流程闭环。在推动支付行业健康有序发展方面，持续健全行业规则标准体系，制定并发布业务规则、技术标准和风险规范；积极响应市场合规诉求，开通快捷支付、付款、网关支付、代收功能；拓宽农村支付汇

路，提升农村地区人民群众支付获得感和便捷性。

网联平台采用分布式云计算架构体系，技术总体方案得到中国工程院院士及行业顶级专家的一致肯定，体现了全球金融基础设施先进的信息化水平：一是建成三地六中心多点多活部署的金融基础设施。通过构建基于应用服务器、数据库、网络线路、数据中心及城市的五层容灾体系，实现了城市级容灾能力以及机房故障分钟级隔离能力。二是创新提出“空间维度”和“时间维度”分布式理念。通过交易分布式处理和账户离散化配置，具备了超过25万笔/秒的交易峰值处理能力以及2万笔/秒的备付金出金峰值处理能力，通过小时级对账及单日多场清算设计，支撑每日十亿量级交易的批量处理。三是自主研发的海量数据监控平台具备高并发场景下秒级故障发现能力。通过分布式多机房并行处理的技术实现1秒的监控计算能力，通过银行、机构和平台多维度、立体化的指标监控实现故障快速精准定位的能力，通过丰富的运维工具实现故障的快速处置，最大限度减少故障的影响。

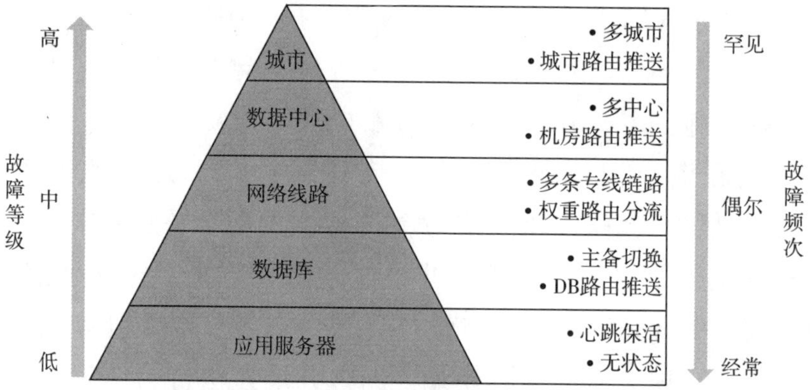

图 2-5 网联平台五层容灾体系

截至2019年末，网联平台共处理跨机构支付交易3975.42亿笔，金额259.84万亿元，日均处理业务10.89亿笔，金额7118.97亿元。网联平台自建成以来，取得了业界瞩目的成绩。

一是化解支付市场多重风险。避免支付机构在商业银行多头开户、多头连接并进行跨行资金清算问题，同时支付机构备付金已实现100%集中缴存，避免了支付机构违规挪用备付金问题。

二是不断提升全链路业务连续性水平。目前，全网全链路系统可用率达到99.99%，网联平台系统成功率达到99.999%；平均交易耗时降低至约240毫秒，支付全链路的业务连续性水平稳步提升。

三是促进农村支付普惠为民。网联平台累计接入3000余家农村金融机构，将原直连模式下无法享受便捷支付的农民群体纳入服务范围，进一步改善农村地区的支付环境。

上海黄金交易所立足于建设国际一流黄金市场的战略目标，自主构建了清算、对账、结算、调拨一体化的黄金清算平台——第三代清算系统。该平台作为黄金交易市场的核心基础平台设施，实现中央对手方高效清算，统一计费对账渠道，支持实物仓储智能交割，提高资金使用效率，支撑了业务创新发展。通过简化黄金交易所业务部门的业务流程，提高人员工作效率；运用科技手段构建高性能清算系统，大幅提升了黄金交易所的结算能力、竞争能力，为黄金市场的发展提供良好的金融服务。第三代清算系统在黄金交易所的所有市场，对会员在交易所买卖的成交差额进行集中清算，大大提高了资金的使用率，有效地促进黄金市场的稳步发展；优化整体清算业务流程，将实物交割统一放到市场清算后，大大降低了实物交割违约的风险，加强了黄金市场的稳定性。

第三代清算系统投产至今，凭借良好的设计模式以及高效的清算能力，有效地支撑了国内黄铂金、白银等市场的发展需求，为近千家会员提供了良好的金融服务，不仅提升了业务部门工作效率，也有效地促进了国内黄金市场的稳步发展。对比第二代黄金清算系统，第三代清算系统在百万级数据量性能平均提升81%，其中，在高量级压测中，第二代黄金清算系统已经无法运行，第三代清算系统仍正常、稳定完成清算任务。第三代清算系统的建成标志着上海黄金交易所作为中央对手方，实现了自主研发、安全可靠、高效可用的黄金清算系统的建设目标，规避了金融信息泄露的隐患，并完善了交易机制，推动了中国黄金市场国际化。

二、筑牢银行间支付清算基础，保障业务连续性

随着网上银行业务量的快速增长，网上跨行支付清算对社会影响进一步放大。网上支付跨行清算系统（以下简称 IBPS）是中国人民银行清算总中心建设的人民币跨行支付清算基础设施，是以电子方式处理跨行（同行）网上支付、电话支付、移动支付等新兴电子支付业务的应用系统，业务实时发起、实时/批量轧差、定时清算。为满足网银业务处理支持多中心、多实例、异构的要求，在业务方面，优化轧差清算模式，支持批量轧差记账，可降低因热点账户导致系统性能问题。通过建立风险模型，对各参与机构的头寸情况进行实时监控，高效保障资金风险。在技术架构方面，为应对支付业务量呈井喷式增长，引入分布式架构设计理念，支持多中心、多实例并行处理，支持多平台架构部署，按水平方式拆分数据，实现多实例并行处理。基于自主研发的传输机制实现动态业务负载均衡。构建汇总核对子系统应对海量数据业务核对。完善智能运维平台，实现自动化系统线路故障自动隔离、业务无损切换等功能。

IBPS 系统建成后将极大提高关键业务并行处理能力，支持日峰值上亿笔业务处理容量，支持水平横向扩展，满足有计划无缝切换要求。自上线以来，IBPS 系统运行总体良好，保障了大众日常支付活动，日均受理业务 4500 万笔，系统可用性达 99.999%，至今未出现因系统故障导致业务中断事件，满足所有网银参与机构用户同时在线处理的性能要求。服务时间支持 7×24 小时连续运行，有效保障了央行清算的执行力。

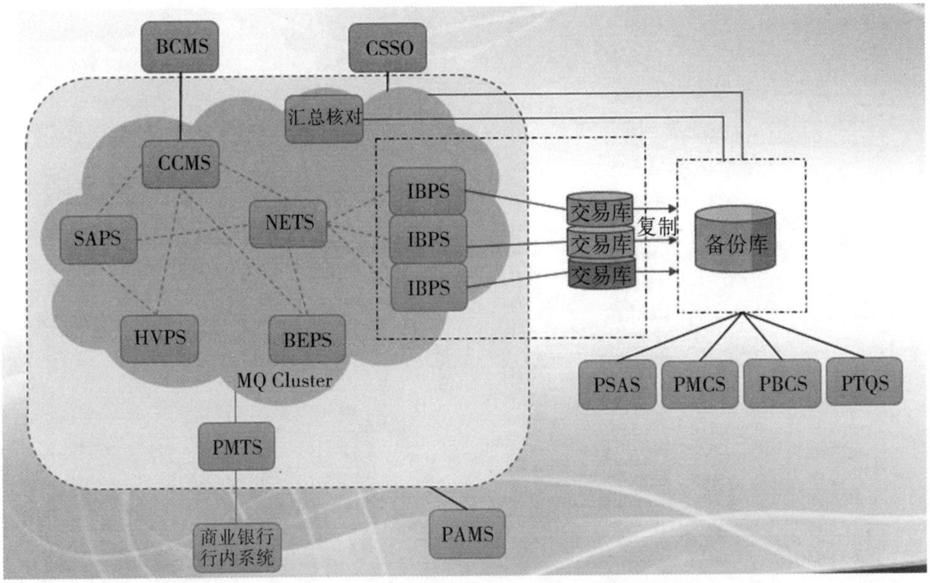

图 2-6 网上支付跨行清算系统分布式架构调整逻辑结构

中国银联的多地域分布式多活转接清算系统在稳定支持存量交易的基础上，全面完成网络支付业务“断直连”，具备整合线上线下、境内境外全量交易的能力。采用两地六中心的分布式处理架构，建成了可智能调度、具备 27 万笔/秒的联机处理及 15 亿笔/日批处理能力的超大支付网络。为更好地适应移动互联网场景下交易瞬时高并发、多频次、大流量的业务特征，充分发挥云计算在资源整合、弹性伸缩方面的优势，自主研发、升级、优化云资源管理，自动化部署、统一配置资源监控等平台；助力备付金集中存管，系统设计额度管控模块以支持对机构账户进行拆分，对机构交易的全局维度额度进行管控；大幅拓宽银行卡跨行业务的广度和深度，推动行业技术标准升级与技术输出；实现基于流式计算的多维度风险控制，制定了灵活的交易风险监控引擎，保证整个支付体系的安全；稳步应用人工智能技术，研发应用性能管理组件（PMS），实现系统处理过程的全方位可视化，智能化调节各地域、各中心、各节点等各类处理单元的负载。

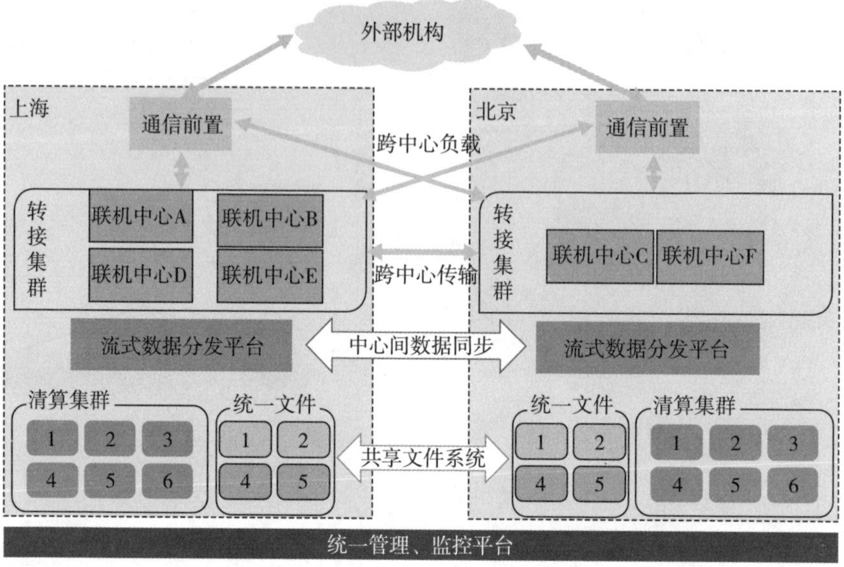

图 2-7 多地域分布式多活转接清算系统

中国银联多地域分布式多活转接清算系统全面提升了跨行转接清算服务能力，通过强大的监控与容灾处理技术，具备瞬间故障隔离与快速恢复能力。系统响应时间从原来的几百毫秒级下降至几十毫秒级，故障恢复处理时间从 3.5 小时缩短至分钟级，批处理时间从原来的 6 小时缩短至 3 小时。截至 2019 年 9 月，日均处理交易笔数 3 亿笔，交易金额超过 4000 亿元，交易成功率 99.99%。系统整体运行平稳有序，全面支持移动互联网时代各类支付场景，为各方产业提供了更为优质的转接清算服务。

第三节 加强公共金融数据共享，支撑金融宏观调控监管

金融市场公共金融信息是支撑宏观调控和金融监管的重要信息要素。中国人民银行、中央结算公司等单位通过理财、债券等市场

信息基础设施建设，统一各类金融产品登记系统建设标准，完成互联网金融产品信息采集，支持金融数据监管，预警可能发生的区域性和系统性风险。企业信息联网核查系统搭建了中国人民银行、外部委与商业银行等机构之间的信息共享渠道，落实账户实名制。公共金融数据共享平台的建成，加快推进了金融各交易市场综合统计效能提升，加强了公共数据集中与部门间的互联共享，有效检测了金融服务实体经济成效，前瞻性防范化解系统性金融风险，支撑金融宏观调控监管。

近年来我国金融业蓬勃发展，金融机构对金融数据的需求也与日俱增。中国人民银行建设了债券统计监测管理信息系统，采用按产品和市场参与主体双支柱的设计理念，建立了全面覆盖债券产品和市场参与主体的表单和特征指标体系，实现了对逐只债券的全生命周期以及“从谁到谁”矩阵式监测管理，提高了对债券市场资金流动、金融交易，以及跨市场、跨部门、跨地区风险传染路径监测能力。该系统设计坚持统计属性标准化、主管机构和市场统计标准统一化、统计数据完备性等原则。该系统的数据采集功能建立了流程引擎、服务引擎和规则引擎，灵活配置流程、服务和校验规则，支持多机构、多种类型报文处理，提升系统数据采集效率，支持快速业务创新。该系统的数据分析功能建立了多维分析引擎，通过对基础数据的分析、转换和加工，汇总生成基础数据模型，按数据分析的维度、指标及算法，自由拖拽形成动态报表，满足多维度信息钻取、时间序列分析需求。系统灵活设计运用数据比对清洗功能，引入跨数据集查询的高级查询功能，提升数据处理质量和效率。

债券统计监测管理信息系统的实施统一了国内债券市场的标准，提高了机构管理的信息化程度。截至 2019 年末，已采集 62 期数据，证券产品 17.4 万只，总数据量达 1800 万余条。债券统计监测管理信息系统立足于构建完整的、符合国际标准的中国债券统计体系，实现了对我国整体债券市场统计监测的全覆盖，为有效监测债券市场风险及其可能的传染路径，健全完善市场化利率传导机制以及服务中央宏观审慎管理提供了重要信息支撑。

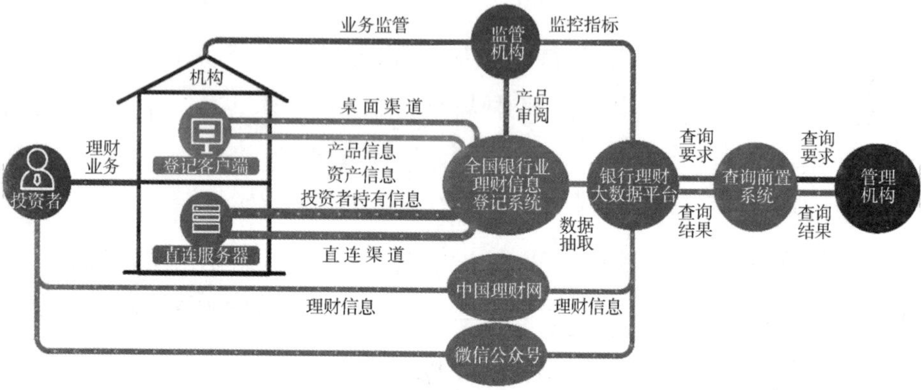

图 2-8 全国银行业理财信息登记系统数据流

中央结算公司研发的全国银行业理财信息登记系统是全国银行业理财产品统一报告、统一登记、统一编码、统一信息披露的权威综合平台，由理财信息登记系统、统计分析监测系统和中国理财网组成。其中理财信息登记系统覆盖银行理财产品全生命周期所有关键信息，包括产品信息、投资资产信息及投资者持有信息，实现了向上识别理财产品的最终投资者，向下识别理财产品的底层资产。统计分析监测系统实现了对银行理财市场数据的统计分析和监测，及时准确展现行业发展动态，落实穿透式监管要求。中国理财网作为官方信息披露平台，向社会公众提供理财产品集中查询、理财政策解读和理财资讯展示等多方面服务。截至 2019 年末，全国银行业理财信息登记系统已与 800 多家银行业机构和监管机构实现了专线联网，在服务监管、服务市场、服务投资者方面发挥了重要作用。

为贯彻落实党中央、国务院“放管服”改革精神，中国人民银行牵头，清算总中心参与，积极与市场监管总局、工业和信息化部、税务总局对接，推动企业信息联网核查系统建设，作为取消企业账户许可、优化企业账户服务、全面加强企业账户事中事后监管的基础性配套措施。一是企业信息联网核查系统通过复用已有支付系统通路为银行等参与机构提供一站式企业信息查询，建立统一核查入口和业务规则，基于ISO 20022标准制定参与机构信息核查报文，规范参与机构的业务标准。基于支付系统传输平台等接入方式，统一参与机构接入的技术标准，实现了金融机构用户和各部委系统之间的无缝高效衔接，有效节约数据以及建设成本。二是提供多维度灵活的流量控制策略，支持对参与机构按照秒峰值和日总量进行流量控制和在线灵活调整，满足不同部委的处理能力和系统容量要求。三是通过大数据分析可对企业行为进行统计分析和异常检测，有助于监控企业开户行为，创新经济监管方式。

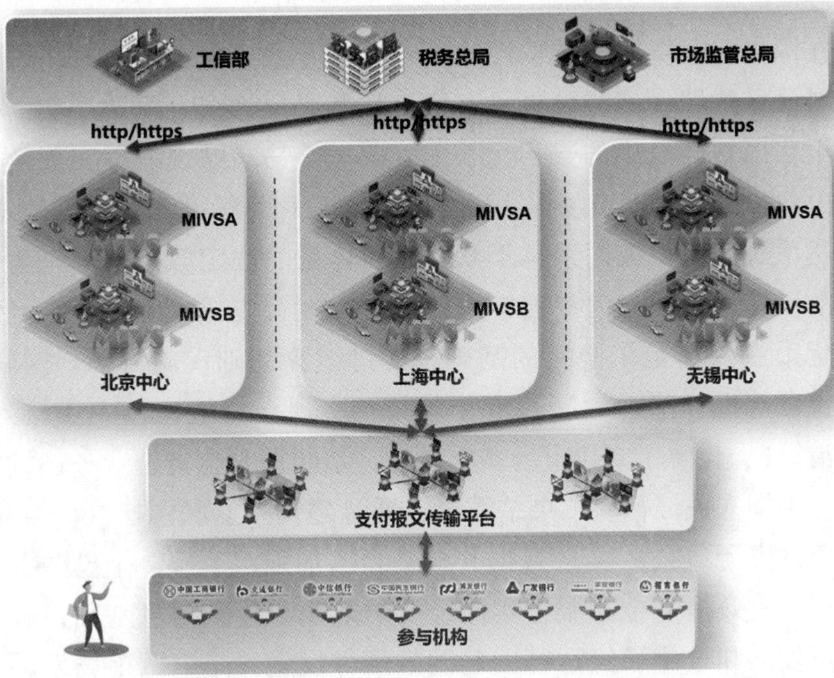

图2-9　企业信息联网核查系统数据传输架构

企业信息联网核查系统是以“总对总”方式搭建中国人民银行、

外部委与商业银行等机构之间的信息共享渠道，有助于落实账户实名制、防范企业账户风险、提升企业账户业务处理效率和服务质量。系统自投产以来整体运行良好，可用率一直保持在100%，截至2019年末，共有179家参与机构接入企业信息联网核查系统，日均企业核查量达9.6万笔。建立了与部委之间的数据共享机制，以税务总局为例，税务总局通过企业信息联网核查系统进行账户信息核验，截至2019年末共完成1000多万笔的存量核验。对于推动个税改革全面落地、深入推进国家治理体系和治理能力现代化发挥了积极作用。

第四节　小　结

在深化金融供给侧结构性改革、扩大金融开放的大背景下，强化金融信息基础设施建设更具有紧迫性和必要性。上海票据交易所提升了票据基础设施的数字化水平，票据交易、贴现业务实现全流程线上化，推动票据市场进入统一化、规范化、标准化的发展轨道。数字货币研究所积极探索基于双层运营体系的法定数字货币全生命周期的设计和实现，为我国抢占数字货币发行先机、维护数字经济时代货币主权奠定了坚实的基础。支付结算基础设施方面，网联、中国银联等机构落地“断直连”政策，实现支付机构“一点接入、集中清算”，化解了支付市场多重风险，不断提升全链路业务连续性水平。中国人民银行、中央结算公司通过建设企业联网核查、债券、理财统计资源等公共金融数据共享平台，加强政、银、企投融资信息共享，有效提高金融服务实体经济的效率。金融信息基础设施作为经济发展和金融稳定运行的基础软硬件设施，是金融市场发展的核心支撑，建设安全、高效、开放的金融信息基础设施，将为我国金融市场的发展和金融业对外开放的推进提供强劲动力。

第三章　推广全栈化分布式技术，促进系统架构整体转型

随着银行业务不断发展，业务系统应用规模不断扩大，迫切需要通过科技引领、创新驱动加强金融服务能力建设。近年来，银行业积极探索系统架构转型，将研究建立安全、灵活、可扩展、高性能的分布式开放平台作为一项重点工作来抓，并取得了实质性成果，沉淀了各具特色的分布式技术栈，积累了成熟的分布式架构转型经验。目前，银行业信息系统架构正处于从基于主机、集中式架构走向开放、分布式架构，以保障核心技术支撑和应用研发能力提升，支持金融战略转型和数字化转型，促进业务高质、快速、高效地发展。结合业务创新和应用，银行业研发、试点并推广分布式技术落地，积极推进分布式架构转型，积累了较为丰富的业务创新成果和解决方案。同时，业务创新发展过程中对分布式相关技术提出了新的需求，进一步提升了分布式技术发展速度和整体架构转型的质量，逐步推动分布式技术栈优化升级与业务方案创新实施形成了良性循环。

第一节　深化分布式技术应用，加速架构转型成果落地

分布式技术应用有效支持了银行业务创新和服务质量优化，保障了银行信息系统健康发展。通过加强分布式技术应用推广，进一

步促进传统系统架构的转型升级；通过构建研发、生产运行、运维的全生命周期分布式技术体系，持续进行技术引入、工具优化以及解决方案的丰富，有效提升科技供给能力，实现了应用场景拓展，促进了服务质量和产品体系的完善，保障了银行信息架构转型成果的落地，有力支撑了各类业务的创新与发展。

一、打造平台级支撑力，扩展技术应用范围

为更好地适应互联网金融时代银行业经营转型的需要，提升银行信息系统的安全生产水平，银行业积极利用分布式、云计算等技术推动金融服务创新发展。通过建设技术领先、体系完备、自主可靠的分布式技术体系，推动银行信息系统由传统的基于主机、集中式架构向开放、分布式架构转型。依托分布式技术，银行业积极稳妥建设分布式平台能力，赋能应用系统研发，扩展平台能力应用。

中国工商银行构建了一套覆盖研发、生产运行、运维的全生命周期分布式技术体系，主要包括：面向开发支持、资产共享、研发协同等研发环节的支撑平台，为开发人员提供一站式解决方案；面向分布式服务、软负载、事务、消息、批量、缓存、数据库、对象存储、文件存储等生产运行环节的运行支撑平台，实现了公共技术能力的集约建设与运营；面向配置中心、日志中心、全链路监控、流量调度等运维环节的运维支持平台，实现了适应分布式架构可监控、可追溯、易定位、可隔离、可限流的高效运维。

该技术体系具有以下六大特点：一是体系完备，九大技术平台覆盖了分布式技术的主要领域，相互搭配，充分发挥分布式技术的整体性能。二是通过弹性扩容以及分库分表，有效应对交易量爆发式增长、性能上限超过单一主机等问题。三是基于主流开源软件深度定制+大规模自主研发，使得相关系统在性能、功能、稳定性方面全面提升，实现解决方案完全自主可控。四是依托分布式服务化、

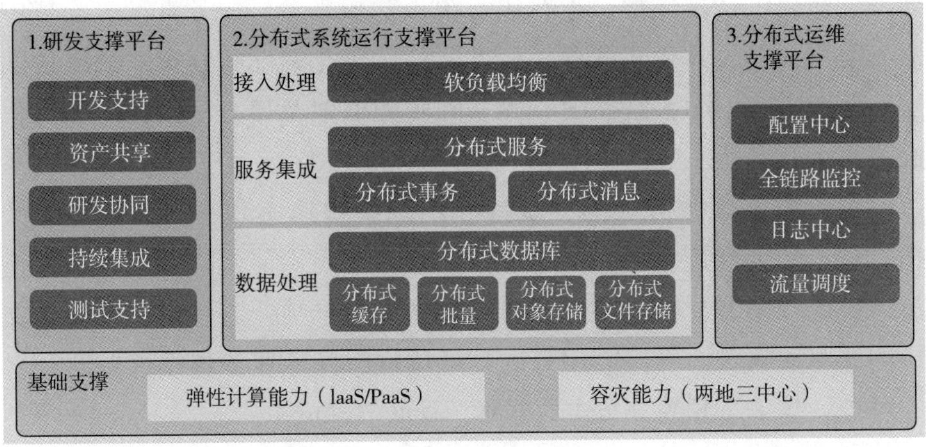

图 3-1　工商银行分布式技术体系

松耦合的显著优势，实施应用分层解耦设计，大幅提升研发效率。五是有效增强金融应用可靠性，整体可用性达到 99.99%，故障秒级自愈。六是交易端到端全链路监控，故障秒级发现，分钟级处置，支持细粒度、精准治理。

截至 2019 年末，该分布式技术体系已推广至 150 余个关键应用，对有分布式转型需求的系统已实现应转尽转，累计部署容器超过 3 万套，日均服务调用量超过 50 亿次，日均消息处理量达 700 亿次，日均缓存访问量超过 80 亿次。依托分布式技术体系，中国工商银行实施了主机业务的体系性下移，截至 2019 年末，已在开放平台承载全量 6 亿个人客户、1000 多万对公客户、10 亿借记卡协议数据，日均支持 2 亿次客户信息访问、1.5 亿次借记卡协议更新和查询、1.8 亿笔快捷支付交易。

为加强核心能力建设，降低或规避风险，建设 PaaS 能力组件，平安银行研发了一套基于云计算、全面支持敏捷开发、弹性扩展、提升业务连续性、技术安全可靠的分布式金融 PaaS 服务平台。通过与 DevOps 技术整合，平台实现了微服务自动化和基于服务与应用的快速交付能力，实现对业务应用开发的全方位支持，为渠道和产品研发团队提供技术支撑。平台包含统一管控平台、服务框架、配置中心、应用网关、分布式缓存、消息队列、作业调度、分布式数据访问层、分布式数据库、监控中心等基础服务框架及核心中间件。平台核心技术创新包括：一是使用统一技术栈和统一标准，建设 PaaS 中台系统，构建组件化服务能力，支持应用开发快速实现；二是分布式架构，基于分布式技术栈，实现弹性伸缩，提高性能，降低成本，支持持续集成和部署，实现快速交付，增强可维护性；三是双活部署，支持同城双活部署，确保应用系统高可用性，保障业务连续性；四是自主可控，基于开源的分布式数据库，降低软件成本。

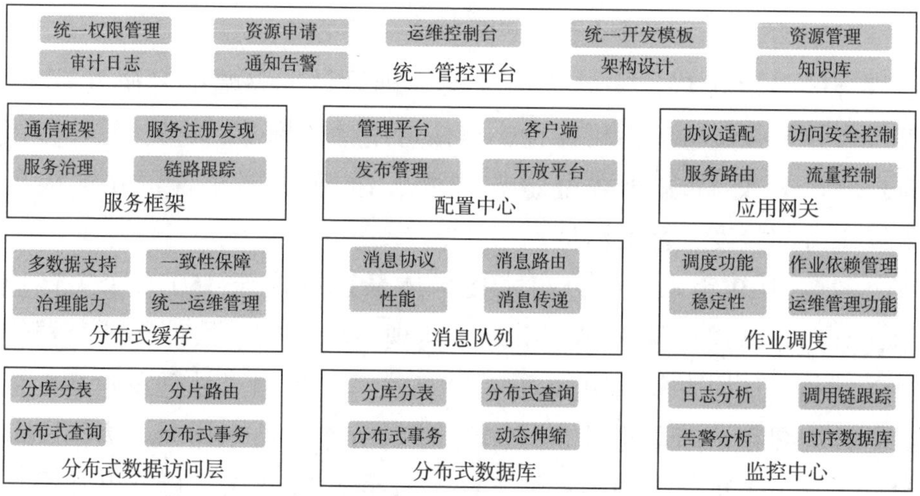

图 3-2 平安银行金融 PaaS 平台功能

基于平安银行分布式金融 PaaS 平台设计的新核心系统支持 3 万笔/秒交易并发，支持 30 亿个交易账户，同时支持小时级批量处理时效。新系统支持横向扩展，处理能力较旧系统提升 10 倍。在成本方面，新系统降低了 67%的 IT 成本，极大降低了银行运营成本。分布式金融 PaaS 平台作为“金融科技”战略的重要产品，实现了对内赋能，促进敏捷开发，助力业务发展。

二、推进应用转型改造，提升金融服务水平

随着内外部环境发展变化，商业银行 IT 系统建设面临新的挑战和发展要求。在市场竞争方面，金融科技企业跨业经营，金融同业竞争日趋激烈，客户体验的极致追求和开放生态建设均对 IT 系统提出更高要求。随着业务与产品不断创新发展，业务量长期保持高速增长，对 IT 系统容量规模、弹性伸缩能力提出了更高要求，需进一步提升应对高并发、大容量复杂金融业务场景的能力。基于前期的探索、试点与技术积累，各家银行积极推进应用系统的分布式改造，以提升整体服务水平。

为实现支付系统服务的高并发和高可用，中国民生银行综合运用垂直切分、水平切分、分库分表、应用与数据对等拆分、读写分离、本地缓存、远程缓存等分布式技术，形成了一套支付结算系统分布式解决方案。该解决方案形成了多策略分布式路由转发器、多数据源分布式数据访问适配器、可扩展的分布式协同计算框架、本地缓存组件、基于分组对等互备的可扩展部署方案、平滑渐进的系统切换过渡方案等一系列分布式技术成果。该技术成果已应用到中国民生银行支付通道整合平台及中国民生银行支付引擎系统分布式改造工作中，并为上述两个平台的分布式改造提供了明确的架构指导和坚实的底层组件支持。

该系统提高了中国民生银行支付系统的交易处理能力，减少了基础设施成本投入，践行了国家降本增效的指导思路，切实实现了经济效益和运行效益双丰收。分布式改造后民生银行支付系统的硬件投入成本降低了 69.7%，最大交易处理能力提升了 163.1%，单笔交易平均内部耗时下降了 57.7%。同时，改造后系统具备了较高的交易处理能力、动态的弹性扩容能力以及系统故障风险处理能力。

徽商银行交易银行云平台成功打造了一个“以客户为中心”的、

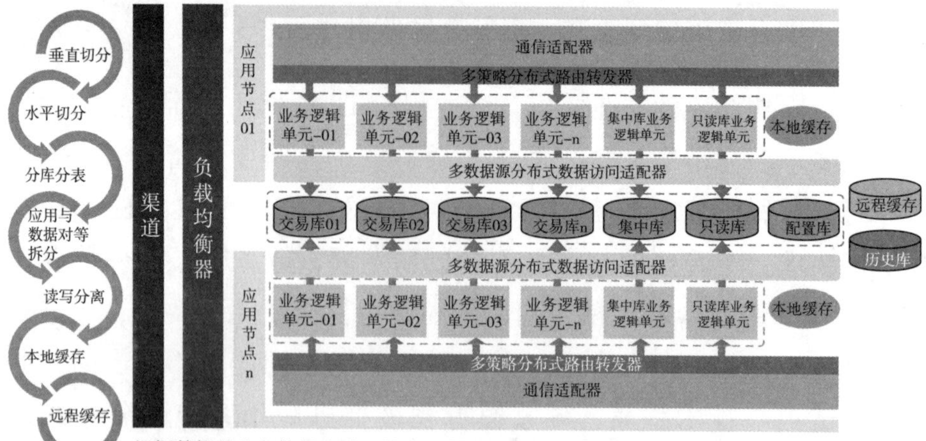

根据数据的业务特征和读写特点，合理分配数据的存储方式和访问方式。应用分片与服务分片一一对应，简化应用处理。应用节点对称部署，互为备份，提升容灾能力。

图 3-3 中国民生银行支付系统分布式的整体技术架构

面向互联网的交易银行综合金融服务平台，实现客户和用户的统一管理，构建灵活的产品体系、账户体系，从客户服务和经营分析等多方面支持对公业务发展战略，实现线上线下协同和客户数据共享，全面提升客户体验。平台建设采用互联网分布式微服务架构，在渠道整合和对公门户统一的基础上，打造了全新的交易银行体系，为客户提供一站式、综合化以及定制化的金融服务。交易银行云平台契合了对公业务数字化转型需要。在业务层面，平台能够满足对公业务各类场景化金融需求，能够打造交易银行生态圈，基于平台思维整合支付、服务等渠道；在技术层面，平台采用分布式、微服务、DevOps 等云原生技术栈，能够持续快速开发、部署新业务，支持 7×24 小时不停机运行，支撑互联网高并发的交易量。

徽商银行交易银行云平台落地后迅速在全行范围内进行推广和使用，截至 2019 年末，交易银行云平台共提供 428 个功能服务，累计客户 27 万户，日均交易量 190 万笔，其中账务类交易 24 万笔，日均交易金额达 120 亿元。通过运用分布式架构，产品研发速度和质量

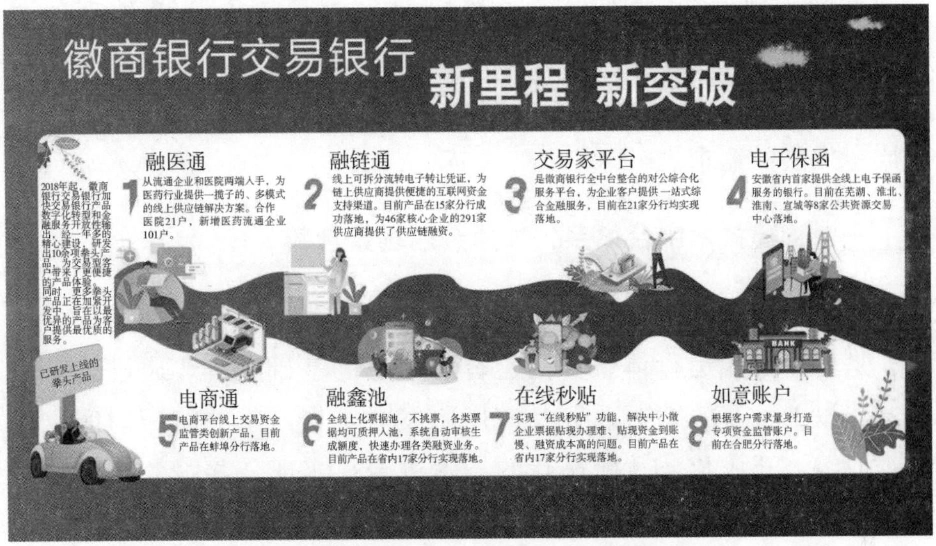

图 3-4　徽商银行交易银行云平台已上线产品

得到了很好的提升。通过对原有产品的业务元素进行高度提炼归类，构建起不同产品模型，快速研发了“房管家”“电商通”“招标通”等多个业务创新产品，并提供开放平台与各类企业客户 ERP 等系统进行对接，为客户提供了无缝的、一站式、综合化的金融服务。该平台全面提升了用户体验，满足了个性化、场景化的金融需求，增强了综合金融服务能力。同时，平台为建设全能型交易银行提供了分布式技术能力积累，增强了金融供给能力，提高了服务水平质量，提升了服务实体经济和地方经济的能力。

第二节　增强技术支撑力度，孵化金融解决方案

随着银行业分布式技术能力提升以及系统架构转型的深入，各机构纷纷加大科技投入，加强对核心技术的研发力度和对业务的支撑力度。银行业通过构建技术中台，形成研发全流程服务化体

系，借助关键技术的强有力支撑以及核心技术的整体规划与布局，构建统一、高复用、便捷的技术架构，实现了对金融业务场景创新的支撑，并孵化出新型金融解决方案，满足业务快速、高效、高质量发展的需求。

一、构建技术中台体系，加速金融场景创新

建设稳定、强大、开放的技术中台是数字化经营转型的关键环节，是打造智能运行体系，构建智慧生态的基础工程。通过技术中台的建设，可有效缩短业务及应用研发对客户需求的响应时间。建设企业级、开放化、敏捷迭代的技术中台，实现公共服务能力的高度共享、插座式复用，可为前端提供更加灵活、多样、差异化的服务，支撑市场和客户需求的快速落地。

中国农业银行全栈式技术中台体系，立足“薄前台、厚中台、强后台”发展战略，面向研发提供了全流程服务化体系，支持了前端、后端、互联、外联全场景应用开发，锻炼了产品敏捷研发，业务快速创新和IT敏捷交付能力，有效支撑了银行的分布式核心转型和互联网海量交易场景。

中国农业银行全栈式技术中台体系具有五类重要能力：一是基础技术服务化，提供安全认证、批量、流程等丰富的企业级基础技术能力；二是开发工具服务化，以双模驱动开发，提供编码和图形化拖拽式两种编程模式，攻克总分行、自有与外部协同开发人员技能水平参差不齐问题，项目效率和质量难以保障的难题；三是运行部署服务化，基于管理态+运行态治理体系，解决大规模异构系统间的有序互联和按需管控的治理痛点；四是中台支持服务化，打造组织级开源管理和服务体系，规范中台服务并配套线上支持系统，全面提升技术中台服务能力和效率；五是中台组织服务化，创新打造一体多翼技术中台众创体系，配套组织考核制度，实现共建技术平台的效果。

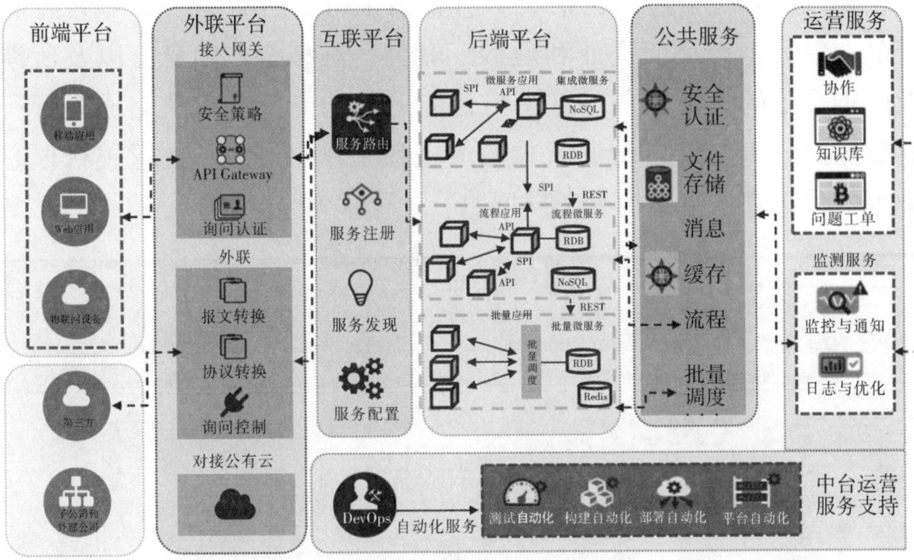

图 3-5　中国农业银行全栈式技术中台的整体架构

中国农业银行全栈式技术中台包括前端、后端、互联、外联、公共服务和运营支持六大模块，实现企业级研发平台和技术能力的统一、跨越式发展。实现集团业务深度应用，场景覆盖 37 家分行、14 家海外机构、7 家集团子公司，对外提供 20 余类公共技术服务，500 多个公共技术组件，管控 3 万多个公共接口，共计支撑 450 余个应用系统，日均交易量超过 10 亿笔。研发团队全面发力，完成了企业级研发支持体系的建设，为研发人员构建了高效传播知识和解决问题的线上平台，截至目前，该平台已累计服务 7000 余名科技条线用户，研发知识数超过 1 万条，研发支持工单数超过 2 万条，工单平均响应时间 0.14 天。

以打造通用技术平台、支持核心技术攻关为指导思想，以业务驱动为导向，以集约化 IT 资源、聚焦平台建设为基础，根据中国民生银行业务发展需要和外部监管要求，中国民生银行搭建了通用轻量级分布式核心平台，实现了中国民生银行核心系统的分布式转型，完成了系统再造，包括贷款、直销银行、所有对公和零售存款产品，借记卡产品，凭证和现钞，对公、对私客户信息，以及所涉及外围系统的集成工作。基于平台能力分功能、分批次完成全行所有数据由 SAP 核心向分布式核心的迁移工作，形成了支撑银行核心业务的分布式技术架构参考模型。

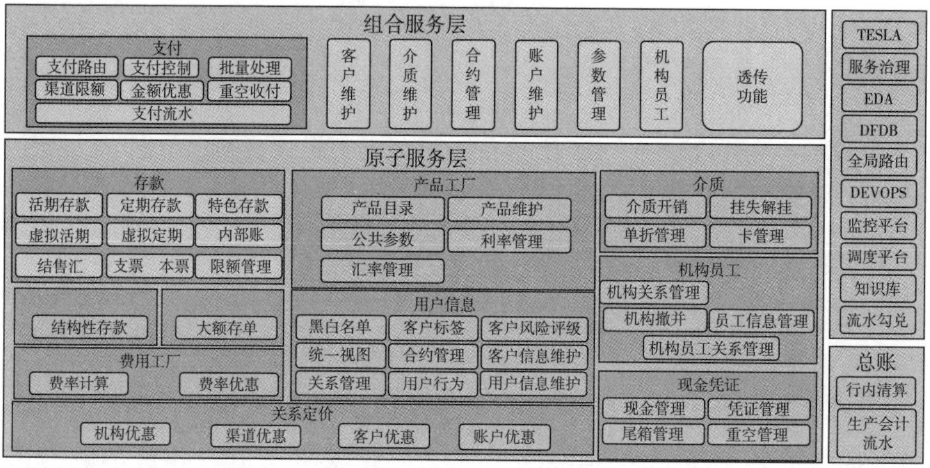

图 3-6 通用轻量级分布式核心平台应用架构

通用轻量级分布式核心平台投产以来，中国民生银行账户管理成本大幅度降低，实现了单账户管理成本与支付宝、财付通等互联网顶尖金融科技公司单账户管理成本持平。在业务支撑能力上，大幅缩短了金融产品的创新周期，并支撑多样化、个性化的金融产品落地。平台使用了轻量级的分布式架构，建设了一体化的开发运维平台，提升了运维自动化程度以及交付风险把控能力，实现了敏捷交付。同时，分布式核心平台提升了科技与业务协同效率，符合中国民生银行以客户为中心的理念，增强了客户黏性以及科技对业务发展的支持力度，推动了中国民生银行科技金融战略落地。

二、提升技术驱动应用，助力解决方案落地

新技术快速发展与应用，重构了金融领域的客户关系、业务模式、运营体系，对金融格局产生了深远影响。传统银行为保持价值创造力和可持续发展力必须主动拥抱新技术应用，通过技术赋能优化业务创新体制机制，推动银行商业模式乃至发展方式变革。同时，银行业在向普惠金融、小微金融和智能金融等方向转型发展的过程中，催生了大量创新性的金融解决方案，促进了各类技术的协同发展。

中国农业银行区域创新云平台以金融科技创新为引领，秉持“共创、共享、共生”的设计理念，建设了以总行统一平台为主体，分行特色服务为触点的区域创新云平台，构建了总分联动研发新生态，极大地提升了总行对分行的科技供给能力，形成了总分联动的交互体系，实现了“总行统架构、建平台、管系统，分行找客户、建场景、拓市场”的区域创新新格局。该平台的特点如下：一是进行技术封装，提供组件工厂、流程引擎、数据服务、知识共享、运行监控、云开发端、运维部署等基础服务，实现了分行特色业务产品的 NoCode 快速研发、快速部署；二是服务资源聚集，对总行后台存贷汇、信用卡等典型产品进行业务封装，有效聚集业务接口、组件、流程、交易、解决方案等资源，改变了分行科技单打独斗的格局；三是共建开放场景金融生态，面向外部客户提供开放银行接口，通过 SDK 和 OpenAPI 方式输出金融服务，与合作伙伴共建开放场景金融生态。

中国农业银行区域创新云平台是采用搭建和产品研发同步，总行和分行共建、内部和外部共生的建设理念。通过平台的建设和推广，统一各分行的技术栈，形成总分联动研发新生态；通过对分行应用迁移过程中向分行交付的总行产品合约模型、接口管控、应用视图等功能，在对分行存量应用进行承载的基础上，实现了分行 IT 数据治理和应用治理；通过对分行公共业务特征的抽象，形成全行

图 3-7 中国农业银行区域创新云平台建设目标

统一的应用创新模板，分行研发只需配置和适应性开发，实现分行创新快速上线。借助平台实现了对分行产品及合约的统一管理，形成了统一管理视图。截至 2019 年末，该平台已经承载了分行各类应用超过 2000 个，日交易量超过 1600 万，涵盖了出行、校园、医疗等多个场景，成为了总行重要、分行主要的区域创新研发平台，很好地诠释了中国农业银行“共创、共享、共生”的经营理念。

中信银行为践行金融为本、科技为器、客户为尊的“有温度”的银行理念，启动零售线上渠道融合项目，自主研发渠道类统一开发平台（UCAP 平台）。该平台具备如下特点：一是前端技术框架升级，统一了前端各类技术组件，研发多端适配技术，具备编写一套业务代码可以转换运行在 Web、App、小程序等多个平台的能力，节省了研发成本；二是统一渠道接入层，搭建了统一、轻量、灵活部署的前置接入系统，具备接口灵活配置、统一安全控制等特性，增强全渠道业务处理能力；三是建设中台分布式架构转型和服务能力框架，结合业务组件规划，基于微服务架构理念，提升了中台组件化、产品化水平和服务创新能力；四是构建一体化研发环境，覆盖前端、中台的持续集成与交付流水线的搭建以及配套的版本、环境管理机制，具备全自动、无人值守等特性，提升了快速交付能力，增强科技对业务的支撑能力。

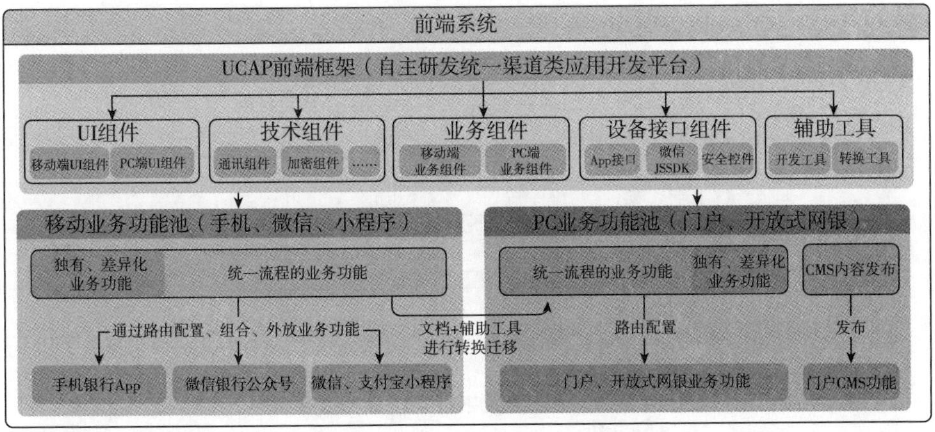

图 3-8　UCAP 前端技术架构

截至 2019 年末，中信银行渠道类统一开发平台完成了全部功能的搭建，通过在电子渠道手机银行、微信银行、小程序、网银门户等系统的落地实施，减少了近 50%开发工作量。中信银行电子渠道客户数超过 6000 万，月活将近 1000 万，月交易量突破 30 亿笔，交易响应成功率 99.97%，单交易平均响应时间小于 200 毫秒，系统性能容量和扩展性均达到预期目标。

为支持理财子公司的业务发展，中国光大银行根据自身的整体战略目标和信息技术发展规划，在广泛吸取借鉴大型互联网企业 IT 经验的基础上，结合中国光大银行现有的 IT 能力和资源现况，建成了面向理财业务场景的全栈分布式架构的新一代财富管理平台。该平台的主要特点包括：一是通过研发分布式交易集群，针对互联网销售交易震荡幅度大的特点设计以及实现交易熔断和动态伸缩的机制；二是研发基于 MAP-REDUCE 架构的分布式批处理框架，实现对理财业务批量任务、互联网渠道交易量大的批量任务的高并发执行，并采用调度的服务化支持批处理任务的断点续跑和重跑；三是集成支持分布式事务的分布式数据库，满足未来互联网长尾客户数量大、交易量大，以及单位交易成本低及平均响应时间短等要求。

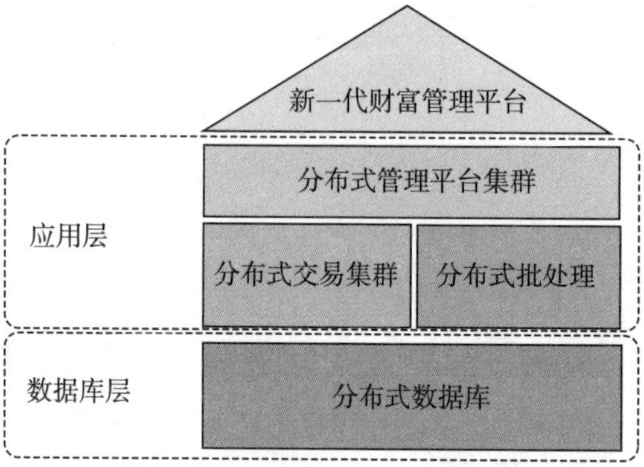

图 3-9 中国光大银行全栈分布式架构

新一代财富管理平台支持母行之外渠道代销，实现了与江苏银行、网商银行、百信银行、杭州银行对接，代销光大理财的净值类产品，同时与上海银行、百信银行对接，代销光大理财的现金管理类产品。截至 2019 年末，新一代财富管理平台的新增客户数达 27 万户，总募集金额 100 亿元，总保有量 825 亿元，行外代销保有量突破 40 亿元，交易量突破 50 亿元。

第三节 推进数据中台建设，优化数据服务能力

数字化转型已成为面向未来银行建设的必由之路。随着银行业务与数据的紧密融合，数据服务的交付能力和模式直接关系到银行对市场需求的响应能力和服务质量。为提升数据服务的快捷交付能力，银行业借鉴云计算和大数据技术的主要设计理念，持续推进数据中台建设，以保障数据统一规划、统一管理及统一供给，实现了数据服务能力交付的体系化、敏捷化和价值化，并在已有数据服务

能力基础上进行数据赋能新模式的探索和创新。

一、打造数据共享平台，提供数据复用服务

为了寻求新的增长点，银行业各业务条线提出了诸多个性化数据分析和服务诉求，这些需求对银行业数据使用提出了更高的挑战。“让一切业务数据化，一切数据业务化”的数据管理理念已被银行业广泛接受，银行业已着手打造从数据生产到消费、消费后数据返回到生产的闭环能力，必须加快构建面向业务的、以数据为中心的数据基础设施，以保持数据的共享复用能力，实现对业务发展的数字化支持。

图 3-10　国家开发银行数据综合应用平台架构

国家开发银行数据综合应用平台的建设基于“大平台，小应用，微服务”技术理念，改变传统项目的系统级（To B）建设模式，转变为“以面向用户的应用级（To C）方式为主、系统级（To B）方式为辅”的数据应用开发和使用方式，实现数据应用方式变革。数据综合应用平台架构设计分为应用层和微服务层。微服务层提供了各类微服务组件的集合和微服务组件的管理能力。应用层基于微服务组件构建了 14 类数字化产品，包括报表、指标、图表等 6 大类资源类数字化产品，报表定制、指标分析、多维分析、数据挖掘、主动探索等 8 大类工具类数字产品。一是立足“以用户体验为中心”原则，为

全行用户提供“一站式”数据应用平台。二是基于微服务架构，结合国家开发银行实际业务场景，打造了一批“智应用”。三是创新数字化产品概念，制定了一套数字化产品的管理规范。

国家开发银行数据综合应用平台采用“线上+线下”方式向全行用户推广使用，已经稳定运行了超过两年时间，全面覆盖总行各业务部门、3个事业部以及全部38家分行，已成为国家开发银行业务人员、数据分析师和数据应用开发人员共同使用和交流的数据应用云平台。实现国家开发银行21个数据应用系统的集成整合，通过数字化产品的细粒度深度整合，全面提供了报表、指标、图表等6类资源类数字化产品20327个报表定制、指标分析、多维分析、数据挖掘等8类工具类数字化产品109个，采用“贷前、贷中和贷后业务流程”和“资源、工具从易到难”两个维度集中展示，提升了用户数据获取和访问效率，由原来的多系统访问3~5层，变为统一入口1~2层访问。

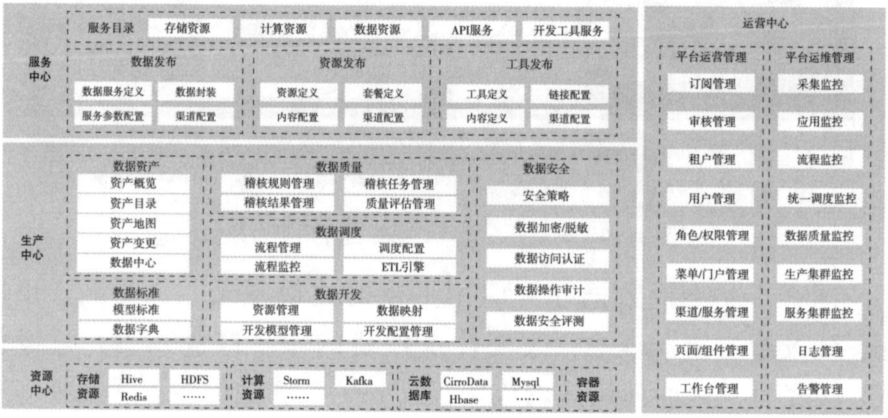

图3-11　北京银行数据中台逻辑架构

通过综合运用大数据、人工智能、微服务、容器云、流计算等多种技术手段，北京银行设计并实现了以“4个应用中心（资源中心、生产中心、服务中心、运营中心）和16项核心数据能力”为支撑的数据中台云化技术架构。一是基于敏捷开发思想提出了一种

“DataOps”模式在商业银行数据类开发场景的可行落地方法，通过数据的敏捷开发模式，有效提升银行科技的交付能力。二是平台聚焦“数字化营销、数字化风控、数字化运营”三大关键场景，有效支撑了北京银行数字化转型战略的实施。

北京银行数据中台通过释放实时计算、分布式存储、自然语言分析、机器学习等多种数据能力，完善了风险防控策略，加快了风控数字化转型，强化了风险控制能力，借助机器学习来智能识别疑似非法集资的社团，降低人力分析成本的同时也提升了北京银行品牌信誉。数据中台提供的数据服务能力加快推进了理财推荐、知识图谱、风险滤镜等人工智能项目，服务拓展至210项，实现了线上业务规模快速增长，成为北京银行高质量发展的新引擎。截至2019年末，北京银行数据中台已经在总行16个业务部门、7家分行，十余个场景中帮助业务释放价值，基于微服务框架管理与云化资源部署，为业务层提供了快速转型的技术支持。

二、探索数据服务能力，形成数据赋能模式

大数据在组织、行业，甚至社会本身的转型中起到了举足轻重的作用。针对金融机构来说，如何借助现有数据中台能力，用好、用活数据服务能力，利用现有数据创造新知识、新价值，是一项值得深入研究和探索的重要课题。

上海浦东发展银行构建数据驱动模式下数据中台的研究与探索，基于数据领导力模型（DLM）的理论创新以及优化EA理论，形成了上海浦东发展银行数据驱动模式下的数据中台规划并有效落地，同时基于数据中台孵化了系列数据产品，沉淀成数据资产赋能金融领域数字化经营。在对数据中台能力开放方面的验证上，优化扩充了数据中台能力开放组件，建设多种分析能力，落地了知识图谱平台、自动化建模平台等多个AI（人工智能）能力平台，简化了

数据抽取过程，加速了数据分析与验证的流程，也提供了技术创新的土壤。除此之外，数据中台的服务共享模式也完成了相关验证，基于上述能力，可以快速孵化出数据标签、数据模型和 BI（商业智能）服务，并且在数据中台完成固化和组装，使数据服务能够一键触达下游业务系统。服务被调用后，数据中台还可以监控服务调用情况并及时反馈效果给产品开发者，形成完整的服务闭环。

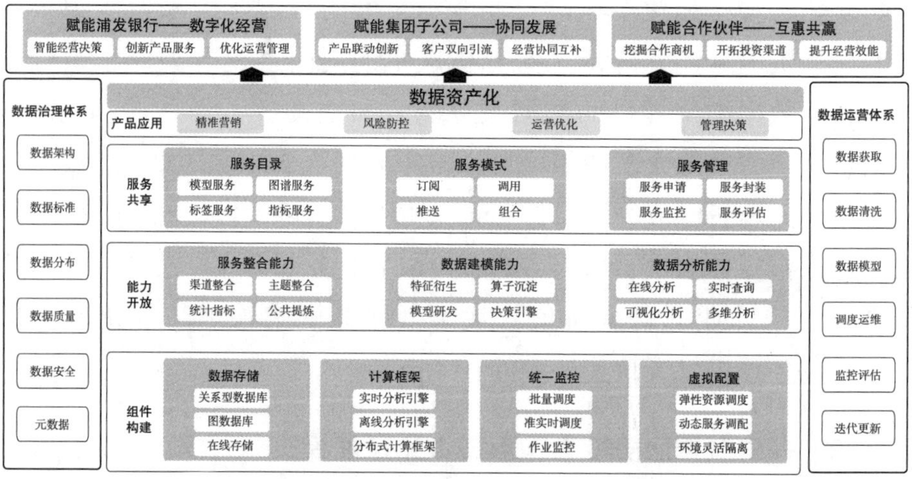

图 3-12　数据驱动模式下数据中台服务体系规划

截至 2019 年末，数据中台极大程度上消除了上海浦东发展银行业务前台与数据后台的壁垒，不断将数据能量快速注入业务流程，实现了规模化数据存储，日均加载数据 TB 级，累计加载数据达到 PB 级；横跨 30 余个技术领域，利用 51 项大数据技术，打造以实时计算、离线计算与云边一体的高效化计算能力储备，其中涉及开源项目 30 余项；在体系化调度方面，实现了日均十万级作业的稳定调度及实时监控，达到稳定可控、高频快速以及百分比极高的场景覆盖率。一是成功对接内外部 400 余个系统，形成了精准营销、风险防控、运营优化以及管理决策四大数据主题集市，落地超过 2 万个数据标签，建设了 8000 余个特征和算子，产出 6000 余张报表，提供 7

个不同类型的建模决策平台，实现了20余个大屏应用。二是完成了从数据到数据服务再到数据资产的完整闭环，落地部署了1500余项数据服务，对接全部分行及总行科技部门、总行业务部门，在各类业务场景中均达到优秀的水平。在精准营销方面，累计营销达到千万级人次，其间提升金融资产达百亿元；相较于传统经营管理模式，基于数据中台的自主研发数据模型可提升9倍的识别能力。

第四节　小　结

金融科技的发展，充分赋能金融机构经营管理，助推金融业务不断创新。金融机构以分布式技术为主要抓手，积极推进整体架构转型。其成功实践充分验证了分布式技术栈体系的先进性和可行性。以中国工商银行为代表的金融机构，在前期积累的基础上积极进行分布式技术栈体系的实施与推广，提升了对业务创新发展的支持，促进了整体架构转型落地。中国农业银行立足"薄前台、厚中台、强后台"发展战略，打造了支持前端、后端、互联、外联等全场景应用开发的全栈式技术中台体系。

同时，金融机构以构建数据中台为手段，孵化端到端数据类应用解决方案，探索面向金融行业数字化转型的可行路径实现科技交付模式创新和交付能力提升，通过强大的数据服务能力，支持业务创新和技术发展。国家开发银行基于"大平台，小应用，微服务"技术理念建设了数据综合应用平台，改变了数据应用开发和使用方式，实现数据应用方式变革与实施。上海浦东发展银行基于其数据中台能力孵化了系列数据产品，并沉淀成数据资产，赋能金融领域数字化经营。

目前，分布式技术体系已经成为金融机构的基础技术框架，分布式架构转型已在金融业全面推广应用并推动金融业务服务的优化升级。

第四章　加快科技驱动应用布局，助推金融业务创新发展

人工智能、区块链、大数据、物联网等技术的兴起与全面发展是引领新一轮科技革命和产业变革的重要驱动力，先进信息技术与金融领域的深度结合已成为必然趋势。金融机构高度重视新技术对金融业务的深刻影响，面对新技术，金融机构逐渐从谨慎应用，转向主动跟踪、积极研究和快速试用。在当前金融科技背景下，金融机构的服务和经营模式已发生深刻变革，新模式不断涌现，金融机构积极顺应时代发展趋势，不断实现金融科技的突破式创新，推动技术架构转型升级，充分利用新技术拓展金融服务的广度和深度，加速金融业务创新发展，持续优化业务手段和服务流程，实现新技术对金融业务创新的有力支撑和持续驱动，助力金融服务能力迈上新台阶。

第一节　深耕人工智能技术应用，扩展金融服务智能场景

金融机构长期、深入地开展前沿技术应用探索，持续跟踪人工智能技术发展，不断增加新技术的知识厚度、视野广度和实践深度。各金融机构以问题为导向，选择合适的人工智能技术，对金融应用场景的进一步优化和拓展，使新技术成果能够尽快应用于实际业务中。在这个过程中，金融机构取得了突出的成果，推动了客户服务

和经营管理模式的创新，为先进智能技术促进金融科技发展这一模式奠定了坚实的基础。

一、建设人工智能服务平台，优化金融业务质效

中国农业银行自主创新的人工智能金融服务云，面向金融场景构建全流程一体化的人工智能服务云，打造人工智能深度赋能体系，破解业技融合的痛点和难点，实现人工智能在金融场景的大规模高效赋能，形成可供借鉴的行业赋能新模式，推进金融行业数字化转型进程。总体来说，人工智能金融服务云实现了高效交付、降低门槛、共享复用、生态融合四大目标。

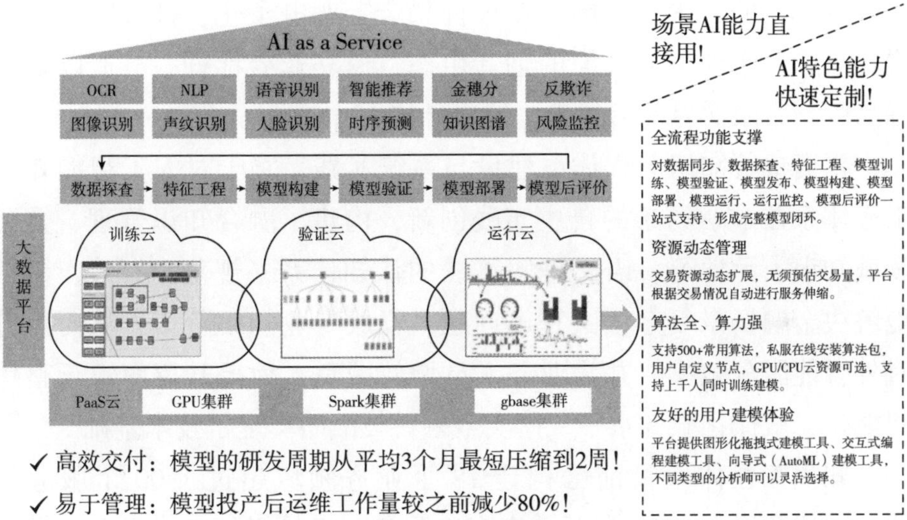

图 4-1 中国农业银行人工智能金融服务云

人工智能金融服务云项目在实施的过程中，采用多项前沿的设计理念和技术，实现了全流程一体贯通、分级赋能，其研发应用与推广已成为中国农业银行数字化转型的强大动力，并取得了显著的经济效益和社会效益。在经济效益方面，人工智能金融服务云自应用以来，为中国农业银行30余个主要系统提供综合化、立体式的智

能化服务，在智能营销、智能风控、智能运营、智能决策等领域均取得了突出成果。在智能营销领域，智能推荐为智能掌银提供每天千万次的实时推送，营销响应率超过自然增长情况下响应率的4倍，单次营销活动可为行内节约成本超过1000万元；在智能风控领域，通过构建信用分、欺诈分等模型库和模型服务，实现了实时、精准的智能化风控服务，有效防控了风险；在智能运营领域，助力网点智能运营，客户平均等候时间缩短了51%；在智能决策领域，通过时序预测支撑指标预测、走回款预测、资金头寸预测等探索，准确率高于90%，显著提升管理洞察力。在社会效益方面，人工智能金融服务云采用“开发、合作、共赢”的模式，为了更好营造数据创新的氛围，中国农业银行联合金融电子化，打造数据挖掘大赛品牌，实现多方共赢的创新生态，树立业界标杆，打造以赛带练品牌，紧跟业界前沿技术，培养科技人才。

招商银行知识工程体系建设与系统实践，基于对人工智能知识工程体系在金融场景的自主实践创新，构建了融合知识管理、金融领域知识表示学习、语义理解算法的认知体系，规范、有效、灵活地解决金融场景复杂语义理解问题、释放专业知识价值，从而提升对外智能服务效率，并为业务人员增效减负，为提升招商银行整体智能化、敏捷化服务水平、落实金融科技战略奠定了技术基础。

知识工程体系目前已构建18个业务领域超过1800个服务功能，在招商银行9000多万零售客户服务、交易银行产品经营、私人银行6.4万客户合规销售、公司金融总分行客户营销、反洗钱中心文本语义抽取、语音平台智能化等应用场景中实现了规范、灵活、体系化的运用；在多项复杂的人工智能任务中，通过引入金融语义库，对最新表示学习技术方法的自训练以及对模型策略的自优化和改造，实现智能服务命中率97.73%、语音服务F1值94.6%、业务要素识别F1超过98%，性能指标达到且部分优于业界技术实践水

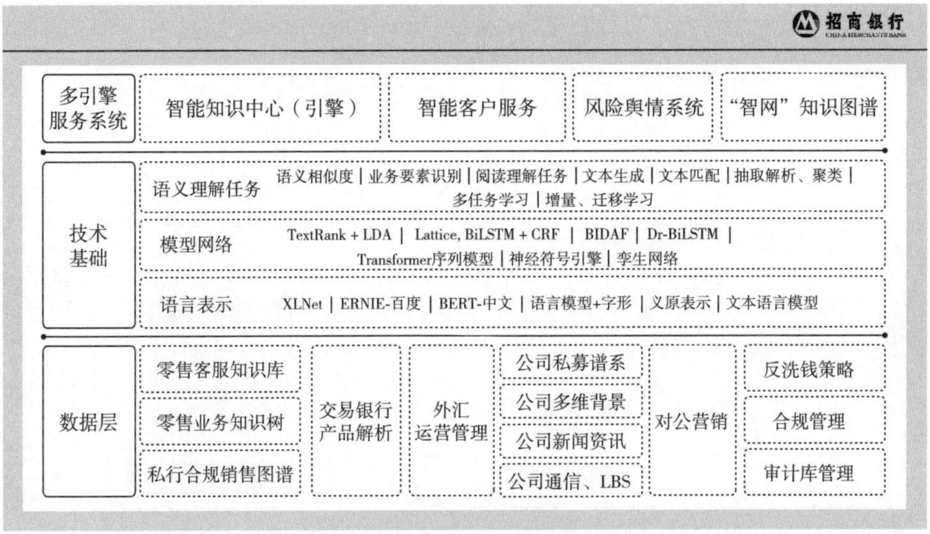

图 4-2　招商银行知识工程体系架构

平；通过对知识体系和 AI 技术拆解运用的灵活整合，1 周内完成算法同等性能的迁移学习。

基于人工智能技术的中信大脑平台，集模型开发、训练、部署、管理为一体，提供一站式人工智能模型服务，助力中信银行智能化转型战略目标，降低银行应用 AI 技术的复杂度，提升 AI 模型开发效率，提高 AI 模型运营能力，全面提升了中信银行的技术创新能力。

中信大脑平台项目具备四个特点：一是支持一站式云端建模开发服务，中信大脑平台集成 TensorFlow、Keras、Sklearn 等多个 AI 开发框架，对上层提供统一算法调度接口，开发人员不必关心底层复杂的算法框架，即可完成深度学习模型的开发；平台采用最新的 GPU+CPU 混合架构，基于容器化技术提供高可用、弹性可扩展的 AI 计算资源。二是模型全生命周期管理，模型管理平台通过预先构建的模型全生命周期管理模板协作管理项目，有效进行模型版本管理、模型效果监控、模型分析治理。中信大脑平台实现了从数据对接到模型训练、模型上线和模型评估，提供了人工智能模型的全生命周

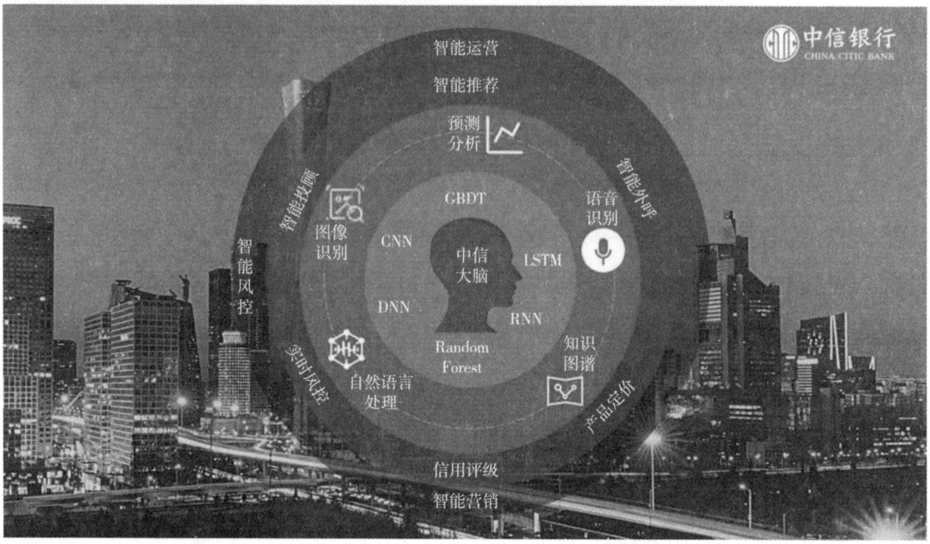

图 4-3　基于人工智能技术的中信大脑平台

期管理。三是双脑引擎协同发力，中信大脑平台提供双脑引擎，一方面提供理性思考引擎，专注于专业的人工智能服务，为零售业务、公司业务、信贷业务、风险业务等提供个性化的人工智能解决方案，利用数据及技术驱动业务模式创新。另一方面提供感性认知引擎，使用通用人工智能服务提供产品化服务，将自然语言处理、OCR识别等技术，以产品化的形式服务于业务部门，开展协同创新。四是提速人工智能模型产出。中信大脑平台从底层进行优化，提速人工智能模型产出，使用自主研发的分布式算法模型训练调度、统一模型规范、RDMA 技术改进的网络通信协议，有效提升大规模数据模型训练算法效率，降低使用的复杂性。

中国光大银行基于高安全性设计的多模态生物识别平台集中统一地管理了指纹识别、人脸识别、声纹识别技术，对外发布标准的单一模态和多模态的生物认证服务、生物特征注册服务，供包括柜面、智能柜台、手机银行、直销银行、云缴费、客服等在内的众多渠道或业务系统调用。该平台的主要特点包括：一是集中统一管理了中国光大银行各项生物识别技术，降低了重复建设成本及运维成本，实现了各项生物识别技术的统一接入；二是建立统一的客户生物特征库，构建客户统一的生物特征画像，通过生物识别平台的统一调度，可实现多模态生物识别技术的综合调度，融合应用；三是将生物识别的接口统一化，场景标准化，在中国光大银行控制业务风险、改善客户体验、创新业务场景方面发挥了重要作用；四是各个业务场景应用生物识别技术的综合服务平台，同时也是其控制业务风险、保证业务安全、保护客户信息的安全性平台。

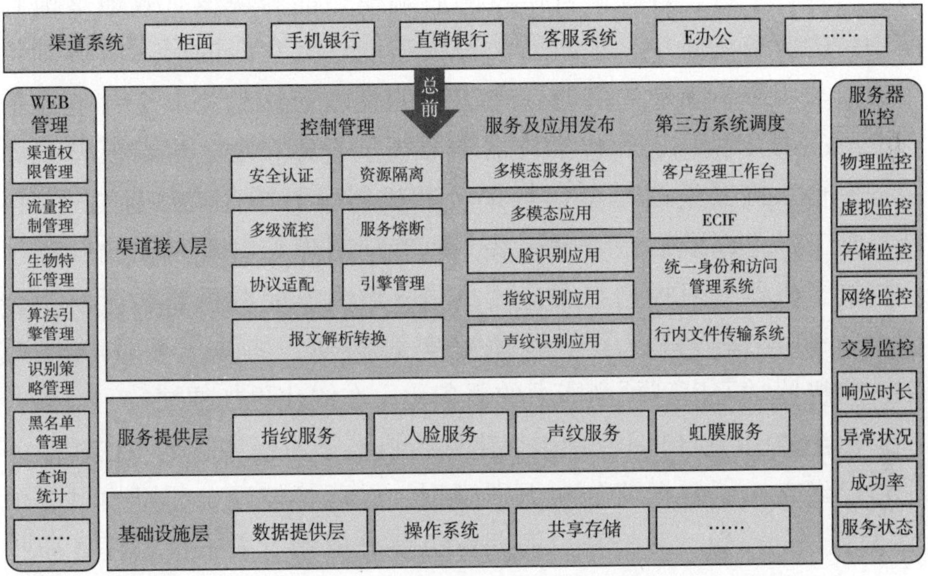

图 4-4　中国光大银行基于高安全性设计的多模态生物识别平台

多模态生物识别平台主要包括生物特征库管理、服务接口管理、识别策略管理、安全管理、黑名单管理五大功能。通过识别策略、识别引擎、服务接口的配置，组合实现在不同业务场景下，单一或多模态生物识别技术、检活技术融合应用以及支持新的生物技术的快速接入。通过安全管理、黑名单管理的服务资源熔断隔离，交易维度、渠道维度流量控制，黑名单实时生效等技术确保渠道调用的安全性以及平台的稳定性。与传统的生物识别平台相比，中国光大银行基于高安全性设计的多模态生物识别平台不仅集中统一管理了不同的生物识别技术，还实现了客户生物识别特征模型统一管理，不同模态生物识别技术融合应用以及应用场景的标准化。目前该系统在提高客户身份认证安全性和准确性、降低人工成本、提升网点智能化营销水平和风险控制水平方面发挥了重要作用。

中国民生银行机器学习模型管理与在线服务平台旨在提供模型生命周期管理标准化、特征加工实时化、模型应用在线化的能力，将各种平台、各种语言研发的后端模型能力快速有效地落地到前中台的业务场景中，让机器学习模型能够以在线的形式对接到各个渠道与用户，满足“实时、在线”的模型应用趋势。平台整体基于 Python 技术栈构建，包括机器学习模型仓库中心、机器模型预测服务平台、机器学习模型运行平台和机器学习模型在线监控平台、特征加工平台以及后台管理模块。机器学习模型管理与在线服务平台扩展了机器学习模型在线应用场景，致力于完善机器学习模型全生命周期管理，缩短了整体模型上线周期，加快了整体迭代效率，使机器学习模型预测能力的服务化、在线化更加便捷。

截至 2019 年 12 月，中国民生银行机器学习模型管理与在线服务平台已经支撑了票据清分和识别模型、运营管控现金压降模型、消贷 A 卡评分模型、对公客户即期评级评分模型、人工核查任务质检评分模型的应用。该平台拓展了机器学习模型在线应用场景，实现了持续跟踪和可视化呈现，在此服务场景的灰度发布过程中及时优化调整了模型性能的衰降，结合业务指标和模型入模特征分布变化快速定位问题，实现了多版本的快速迭代优化，该平台的投产大大缩短了模型上线周期，加快了整体迭代效率。

二、推进智能技术成果转化，追求更优客户体验

雅典娜（Athena）智能多模融合机器人平台是交通银行信用卡

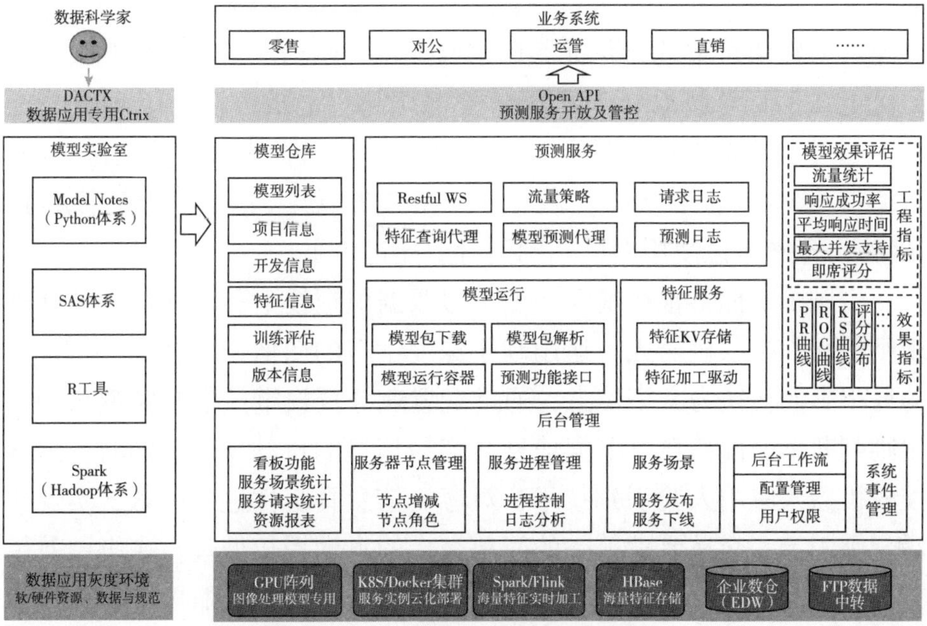

图 4-5　中国民生银行机器学习模型管理与在线服务平台

中心全力打造的基于深度神经网络的 NLP 机器人平台。该平台采用基于深度学习的中文分词及字词结合的特征表示技术，结合行业独创的模型结构，通过利用知识进行增强训练的方式创建初始模型。该平台同时提供全面的智能教育功能以及便捷的数据标注工具，使业务部门的业务人员可以根据各自的业务交互数据，通过迁移学习的方式轻松定制专业、可控、稳定的对话系统。该平台具备全面先进的 NLP 基础模块，具有多网络模型组合训练、建模流程一体化、接入方式完善等特点。雅典娜（Athena）智能多模融合机器人平台，围绕“渠道联动、线上闭环、智能深化”进行智能输出，持续完善全渠道服务体系建设，同时线下服务通过“场景预判+人机协作+技术自研”三大措施，不断优化提升服务能力。项目上线后，截至 2019 年末，400 电话渠道通过人机协作的方式日均进线量 8 万余通，由雅典娜（Athena）智能多模融合机器人全量承接，每日分流话务4万余通，分流率达到一半左右，分流人工话务占比达到三分之一左右，每年可节约近亿元客服运营成本。微信、App等线上服务渠道已上线上百个场景标识，场景覆盖率超过七成，涉及上千个功能点，超过上万条语料。截至2019年末，在线机器人日均访问量10多万通（包括App、Web、微信），在线机器人匹配准确率趋近100%，客户意愿使用率已达到同行业先进水平。

中国邮政储蓄银行基于深度学习票据识别技术和自动化业务处理规则的远程授权机器人，运用基于深度学习的图像识别技术，将采集的凭单影像转换为文字信息，通过配置业务授权审核规则实现自动化规则判断，证件信息、单据信息与交易信息的自动比对。同时，远程授权机器人应用人脸识别技术，对客户信息真实性进行确认，实现比对规则固定、交易要素单一的简单交易的自动授权处理。在应用效果方面，远程授权机器人一方面提高了集中授权效率，缩短了客户排队等候时间和授权审核时间，提升了客户满意度；另一方面减少了授权人员数量，节省了人力成本和办公场地，提升了整体的规模效益和成本控制能力。

该项目运用智能定位技术，实现凭证精确定位切片；应用深度学习网络模型和算法实现全票端到端识别；应用人脸识别技术，辅助判断客户真实性。远程授权机器人项目建设过程中，使用开源深度学习框架、网络模型、目标检测和序列识别算法，连续创新和攻克关键技术难题。远程授权机器人的运用将授权审核时间由原有的30秒缩短到现在的3秒左右，大大缩短了交易处理时间，减少了客户等待时间，提升客户满意度。

第二节 加快区块链应用落地，抢占金融科技制高点

为进一步贯彻落实习近平总书记关于区块链技术应用的重要指示

精神，金融机构积极加强区块链基础技术研究，构建底层支撑平台并开展区块链技术在金融领域的应用探索，精准对接业务需求，梳理流程，协调各方，将区块链技术融入金融业务流程，实现数据资源信息共享，降本增效，推动金融科技与区块链技术应用的发展。

一、打造区块链应用平台，促进金融服务降本增效

交通银行基于区块链技术的全线上智能资产证券化平台建立了原始权益人、投资人、管理人、承销商、评级机构、会计师事务所、律师事务所等参与方组成的联盟链，提供资产证券化产品从发行到存续期的全生命周期业务功能。平台将基础资产全生命周期信息上链，实现资产信息快速共享与流转，并确保基础资产形成期的真实性和存续期的监控实时性。同时，平台将业务操作、审批痕迹等项目运转全过程信息上链，实现全程可追溯，使整个业务过程更加规范化、透明化及标准化。该平台具备资产筛选、尽职调查、产品设计、销售发行、存续期管理等基本功能。在此基础上，打造了资产智能筛选、资产智能定价、现金流智能分析、资产服务报告自动生成、收益自动分配等特色功能。该项目全面支持个人住房抵押贷款、信用卡分期、不良贷款、对公贷款、应收账款、租赁租金等各类资产证券化产品的快速上链发行。

项目上线后，已有多家机构加入平台联盟链，资产类型覆盖信用卡分期、住房贷款、车贷、应收账款、租赁等。平台缩短了发行周期，提高了发行效率，降低了运营成本，为交通银行资产证券化业务的快速发展提供有力支撑。

为帮助企业节省成本，提高效率，切实推进区块链与实体经济的创新融合，浙商银行推出符合金融特性的区块链技术平台，实现在性能、隐私保护、交易一致等方面的技术创新，并从架构上实现了全行统一。该平台提供了国密算法、分区共识、隐私交易、多级

签名、合约权限管控、变更管理、可配置交易打包、账本数据关系化、数据归档、逻辑管控、敏感数据过滤等功能。平台具备数据安全、身份安全、通信安全、机构安全等多级加密机制，并通过分区共识、同态加密、隐私交易、合约访问控制等机制防止数据泄露，在国密算法、客户平权、数据隔离等方面做了定制化开发，以满足金融服务需要。该平台搭建后，支撑了浙商银行应收款链、仓单通、分期通、物管通、分销通、银租通等业务，构建了统一的基于区块链技术的资产登记、存证平台，实现上链资产的统一登记与管理，切实解决了传统金融服务的一些痛点问题，践行了平台化服务战略，充分发挥区块链在金融行业解决信任问题、安全问题的能力，为同业输出区块链技术服务。

图 4-6　浙商银行符合金融特性的区块链技术平台

截至 2019 年末，浙商银行仅应收款链业务用户规模达到 17567 户，落地应收款链平台 2493 个，应收款保兑余额 961.08 亿元，此外，池化融资、易企银、应收款链在内的平台化业务累计服务公司客户 3.85 万户，累计节省利息支出约 11 亿元，取得了良好的经济和社会效益。

二、扩宽区块链服务领域，实现银政银企互惠互利

平安银行响应国家关于鼓励支持供应链金融创新、解决中小企业融资难、融资贵难题的政策要求，推出“平安银行好链平台”，为核心企业（大型央企/国企等实体企业）及其上游供应商提供线上化的应收账款签发签收、转让、融资、管理、支付结算及理财等全流程服务。该平台采用自主研发的Halo微服务框架，应用人工智能+大数据，联通政府数据中心（中登网、税务局、工商信息），对上线企业进行黑灰名单扫描，并有效提取和识别企业的身份信息及贸易背景资料中的交易数据，确保企业主体的合法性及贸易的真实有效性。通过区块链技术，设立公共账本，将系统全量交易信息上链，实现应收资产数字化、可追踪和溯源，增强贸易背景可信度。同时，通过将贸易双方在线确认贸易背景的行为以分布式账本的形式进行记录，保障业务数据真实性和防止被篡改；系统采用分布式存储，并运用区块链加密技术对信息进行加密，确保数据完整、无丢失，保护企业隐私。平台上线后，已与多家大型央企、国企等实体企业（租户）签订协议，为这些实体企业的核心企业及其上游供应商提供供应链金融服务，累计交易量602亿元，融资额达到178亿元，平台核心企业587户，供应商5227户。

为打通金融机构与各方的系统，实现数据的自主流通，减少市场经济活动的信任成本，构建一种新型的协作模式，促进业务发展，杭州银行与中钞区块链技术研究院合作，通过区块链开放的技术架构，凝聚共识的治理机制以及市场化的运营方式打造金融司法协同平台。该平台采用开放许可链设计，兼顾了业务透明和效率，提供中间件，提高了平台易用性、降低接入成本，采用分层加密设计，提升隐私保护。在此基础上，平台还支撑更丰富的同态加密、零知识证明等一系列密码学算法提供更加灵活的综合数据隐私

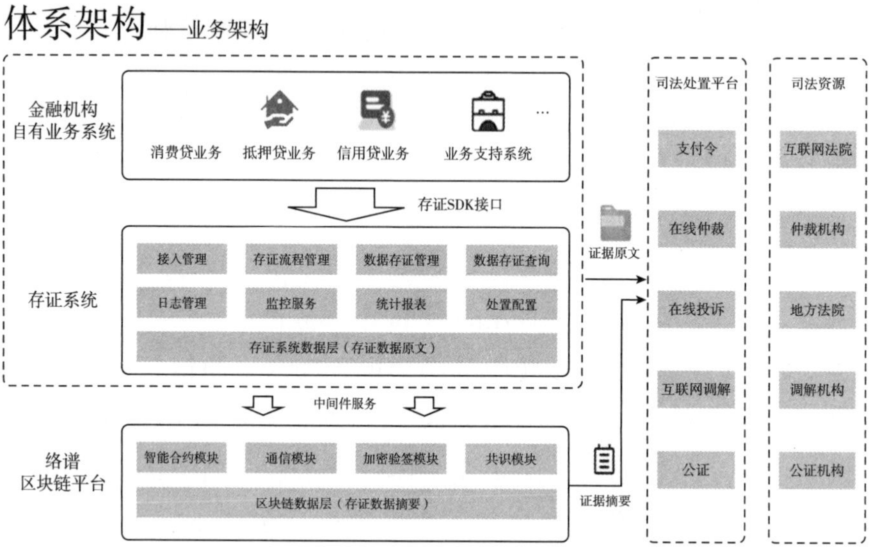

图 4-7 基于区块链的金融司法协同平台项目

保护方案。自 2019 年 7 月司法协同平台上线，系统业务已覆盖杭州银行零售、小微、公司、电子渠道等数十个场景。截至 2019 年末，总存证数量已突破 350 万笔，存证业务总金额突破 1000 亿元，与杭州互联网法院的业务流程已经可通过在线方式完成提交，形成闭环，并已实现诉讼案例提交支持。

第三节 创新大数据物联网应用，推动业务和技术融合

金融机构不断转变传统思维，持续跟踪大数据和物联网技术发展的新动态，开展对信息技术基础理论的前瞻性专题研究，探索其与传统金融场景的深度融合，逐步扩大大数据和物联网应用场景，助力金融领域数字化转型，金融行业整体服务效率和管理水平得到显著提升。同时，金融业务与大数据和物联网技术加速融合，也为深挖新技术在金融领域的应用提供了新思路、新方法。

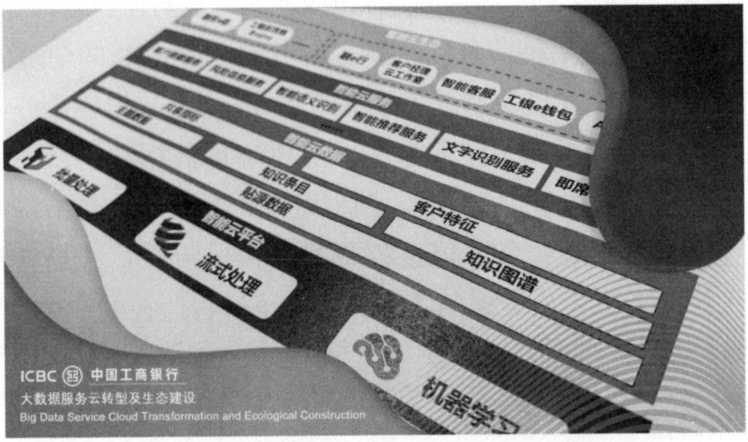

图 4-8　中国工商银行大数据服务云转型及生态建设项目

一、发挥大数据支撑作用，加快数据智能服务转型

为精简业务流程，提升企业运营效率，加快数据智能服务转型，中国工商银行搭建集资源弹性供给、技术全栈覆盖、数据跨域聚合、服务沉淀共享、生态开放共建于一体的数据全、算力强、算法优的新一代开放式大数据云生态平台——大数据服务云。该平台是基于IAAS 基础设施云，融合集成数据存储、批量计算、流式计算、机器学习等多种分布式引擎，建设存款和计算资源弹性扩展、按租户动态灵活分配、核心技术全栈覆盖的大数据云平台，依托智能云平台数据存储和灵活高效的开放共享能力，实现全数据资产跨域融合，打造覆盖结构化、非结构化，行内、行外，境内、境外，全集团数据的企业级数据湖，在此基础上提炼沉淀了主题数据、知识数据、共享指标、客户特征等作为企业级共享数据基础。中国工商银行已有 150 多个总行应用和 46 家境内外分行在大数据服务云上进行平台化开发，3000 多位分析师、数据科学家基于大数据服务云开展数据分析挖掘，沉淀了 130 多个可共享的数据服务。同时，依托金融生态云输出智能产品，已服务 2 万余家 B/G 端客户、200 余家金融机构。目前中国工商银行大数据

服务云已经全面应用于产品创新、客户服务、风险防控和运营管理的各个领域，开启了数据智能服务从辅助决策向数据驱动决策的全面转型。

中国光大银行推出的基于知识图谱的审计大数据模型平台，采用复杂网络、图计算等大数据算法，实现海量数据和非结构化数据的分析和探索。通过搭建远程监控体系下复杂计算及非结构化模型建设的框架，加强对业务开展过程中的操作风险及员工道德风险管理，深入挖掘人工无法发现的问题，提高了远程监控的广度及深度。

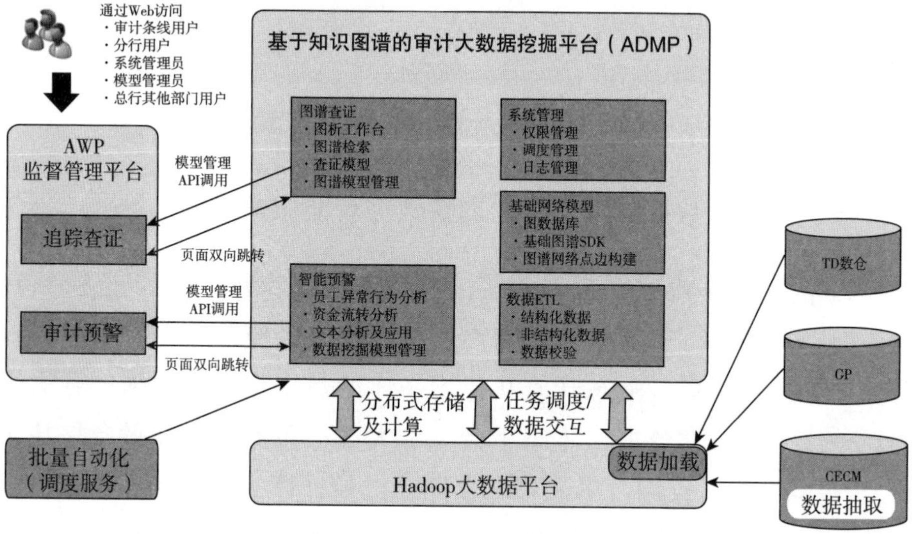

图 4-9 中国光大银行审计大数据模型平台

审计大数据模型平台的主要技术特点包括：一是构建全行级别的“客户关系网络”和“资金流转网络”的知识图谱平台，支持丰富的图谱分析查证功能；二是应用多元数据分析挖掘技术，解决业务问题；三是构建贷审报告相似性分析和疑似同一客户多护照多账户发现模型，搭建集模型在线配置、优化、部署、调度为一体的模型管理平台等。

为落实国家大数据发展战略，进一步提高客户服务的质量和效率，全力服务实体经济，推进数字化转型，徽商银行在安徽市场率

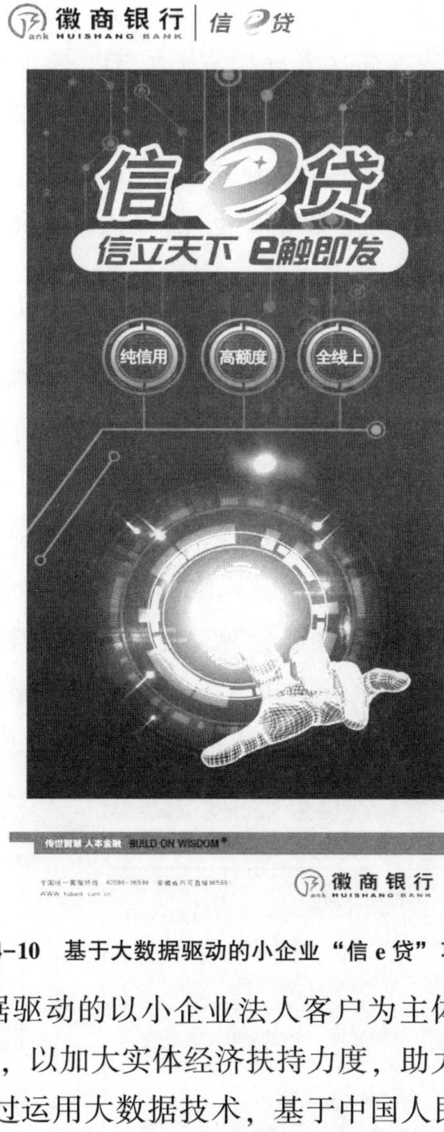

图 4-10 基于大数据驱动的小企业“信 e 贷”项目

先推出基于大数据驱动的以小企业法人客户为主体的纯信用线上融资产品“信 e 贷”，以加大实体经济扶持力度，助力“数字江淮”建设。“信 e 贷”通过运用大数据技术，基于中国人民银行金融标准化体系要求，以小企业及法定代表人信用信息为依据，通过在线受理与审批，为合法经营的小企业提供信用贷款业务服务。

“信 e 贷”项目有效整合内外部数据资源，分析、构建一体化的客户画像，打造基于大数据、移动互联技术的中小企业信贷新模式，是适应互联网+、大数据应用的重要突破口，支撑了小企业信贷业务的获客渠道创新、营销方式创新、客户服务创新、信用评级创新和风控手段创新，是徽商银行高质量发展的有力抓手。该项目自上线以来发展态势和市场反响较好，深受企业欢迎。截至2019年末，“信e贷”产品在安徽省累计为1.7万户中小企业完成审批，累计为5116户企业授信118.8亿元，累计投放贷款178.72亿元，余额45.56亿元。

二、探索物联网场景应用，开辟业务转型全新赛道

中国工商银行基于物联网的数字化智能化金融创新项目，建成了银行业开放、安全、易扩展的企业级物联网金融服务平台（工银聚物）。该平台广泛支持银行内外部物品设备的一站式接入、边缘智能计算、海量数据采集和分析处理，为银行提供更丰富、客观真实的大数据，有效提高银行的金融风险防范能力和业务智能科学管理水平。平台在信贷融资、消费金融、业务运营、客户营销服务等领域提供了一系列物联网服务解决方案，为万物互联时代银行数字化、智能化金融创新提供了强有力的支撑。

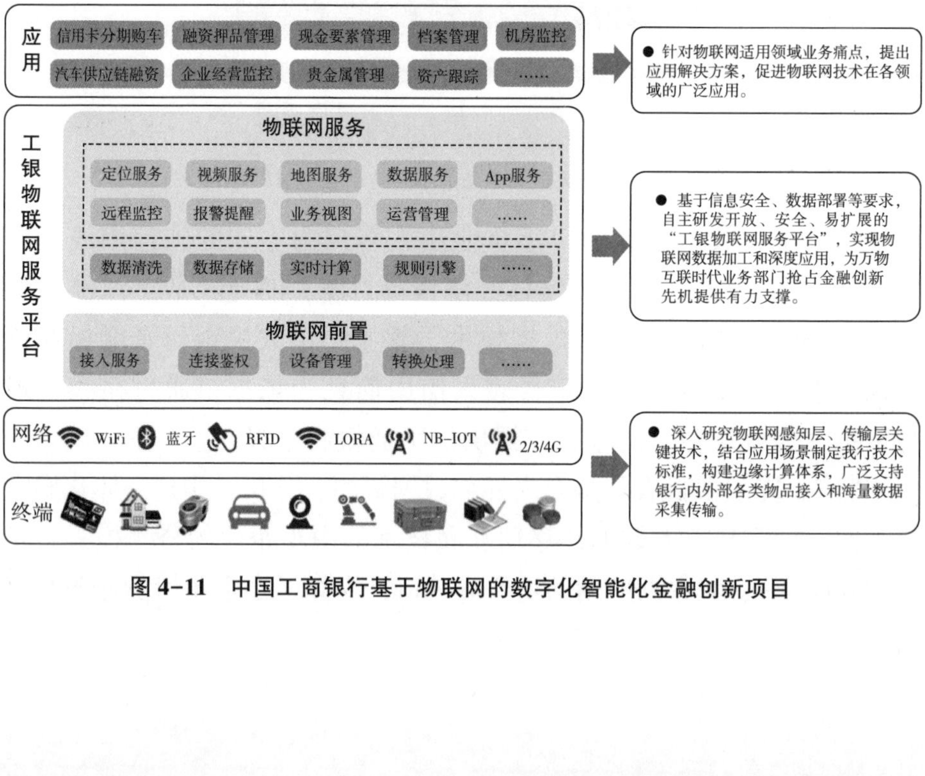

图4-11　中国工商银行基于物联网的数字化智能化金融创新项目

该项目基于分布式技术架构建设，依托 PaaS 云平台部署，支持大规模设备接入、海量数据存储，采用大数据、实时计算和机器学习等技术支持海量物联网数据的加工处理、创造价值；自主研发了边缘计算系统，形成了“端、边、云”一体化物联网技术架构体系，降低了数据智能计算对云端的依赖；建立了物联网应用服务支撑体系，支持各类金融物联网服务场景快速创新。项目的上线使各领域物联网场景能快速推广应用，极大地拓展了物联网技术在信贷融资、消费金融、业务运营、产品营销、客户服务、资产管理等领域的应用范围，显著提升了银行在风险防范、科学智能管理、运营成本压降等方面的能力。该项目的成功投产，宣告了金融同业“汇聚万物、智慧洞察、安全开放”物联网金融服务平台的成功落地，标志着中国工商银行在物联网技术研究、应用场景快速上线、物联网与人工智能等金融科技融合创新等方面取得重大突破，扩展银行金融服务边界，创新金融服务模式，填补了国内银行业体系化、规模化应用物联网技术的空白，引领银行业物联网金融服务建设，具有重大的积极示范意义。

第四节　小　结

银行业属于技术密集型行业，天生与信息密不可分，在各经济领域中，银行业的信息化程度名列前茅，并呈现不断加速的趋势。围绕国家战略，金融机构主动担当，对接经济发展和民生需求，充分发挥人工智能、区块链、大数据、物联网等前沿技术潜力，增强金融科技创新优势，助力构建融合生态，更好地服务国家战略和经济社会发展。在人工智能领域，各金融机构重视基础研究，不断探索理论创新，取得新突破，在银行业务智能化的道路上走得更加坚实。以中国农业银行为代表的人工智能金融服务云实现在金融场景的规模化高效赋能，推进传统业务的数字化转型；交通银行基于深度神经网络的雅典娜（Athena）智能多模融合机器人平台，将人工智能技术融合应用于金融服务场景，实现了金融服务的降本增效。在区块链领域，金融机构主动求变，不断拓展区块链在金融业务应用的广度和深度。交通银行的全线上资产证券化平台，通过建立联盟链全方位扩大业务覆盖面；杭州银行与中钞区块链技术研究院基于区块链的金融司法协同平台项目，打通企业之间、银企、政企之间的连接，提升了获客、活客能力。在大数据领域，数据智能服务转型进一步加快。中国工商银行大数据服务云转型及生态建设项目等充分利用银行业丰富的数据资源，开展数据分析和知识发现，不断增强创新的“硬核”能力。在物联网领域，中国工商银行基于物联网的数字化智能化金融创新项目拉开了国内银行业体系化、规模化应用物联网技术的序幕。金融机构在加快业务转型过程中对新技术的研究和应用实践，充分展现了我国金融业在部分领域抢占国际金融科技发展制高点的巨大潜能和实力，通过与行业场景深度融合，助推商业银行加速向数字化、智能化、生态化的发展。

第五章　加大金融科技生态建设，推进金融业数字化转型

面对外围经济环境与互联网公司的双重冲击，银行业一直赖以发展和壮大的传统业务模式受到严峻考验，亟须“破局”之道。从实践成果来看，银行业已通过前沿技术和应用创新，探索了与政府、医疗、教育、财税、科技公司等领域的合作，提升金融公共服务能力，率先建设了跨越银行、证券、保险、信托、租赁、基金、电商、互联网金融等行业数据共享和互联的金融科技生态圈。同时，随着金融科技生态圈建设不断升级，网络效应逐步显现，吸引到的客户和所产生的数据种类与数据量日益繁多，银行可据此完善已有的技术、产品和服务，实现更深层次的数字化转型。在数字化能力的助力下，银行得以实现自动化程度更高、更智能、更具韧性、响应更快的新型运营模式，从而大幅提升客户服务体验。

第一节　提升全局化服务水平，共享开放生态圈

金融科技应用的深入发展加速了消费者向数字化生活方式的快速转换，在技术潮流和客户诉求发生转变的背景下，银行利用线上服务优势对业务边界进行延伸，越来越注重打造“开放银行”，以开放平台模式与合作伙伴共享生态圈，将银行积累多年的专业金融服务无缝衔接到场景平台，为客户提供一站式服务，实现高价值的客

户导入，并通过机器学习等技术生成宝贵的业务洞察，提升客户体验，确保客户的满意度及留存率。

一、加强金融产品整合，拓展服务能力边界

面对互联网金融浪潮，银行业紧跟时代潮流，突破传统银行业服务模式和经营方式，借鉴“开放、融合”的互联网思维，开放金融服务生态圈，不仅面向个人客户建立起线上服务入口，拓展服务边界，打造一体化的消费服务平台，同时还为企业客户提供“功能丰富多元、对接简单快捷、服务安全可靠、客户体验智能”的对公线上结算产品，解决企业线上运营痛点。

工商银行推出全功能对公线上支付产品——“工银 e 企付”，建立“平台负责交易管理，银行对应资金支付”的合作模式。其支付功能多样，全面赋能企业线上支付，支持 22 种常见币种和 29 家常见银行付款，认证方式集成了指纹、人脸等便捷认证技术；其产品上线快速，灵活对接互联网生态场景，提供 API、H5、SDK 等多种对接输出方式，支持 PC、移动端 App 等多种嵌入渠道；其支付流程智能，有效提升客户支付体验；其风控手段先进，构建了业界领先的前中后全流程防御机制，全面加固支付服务安全性。

截至 2019 年末，“工银 e 企付”的接入平台数超过百家，交易量超过 25 万笔，交易额超过 400 亿元，带来了支持实体经济转型、助力“一带一路”倡议落实、助力民生、扶持“三农”、打造对公支付生态圈的社会效益。

中国银行金融资产综合服务平台通过对金融资产中原子服务的抽象、提炼、沉淀后形成多部门共享的金融资产服务中台，支持系统功能的灵活搭建和前台业务的敏捷应对，为中国银行客户提供了对银行理财、基金、年金、保险、信托、QFII、QDII 等金融资产的资产管理、清算交收、核算估值、投资监督、存托服务、年金受托、

图 5-1　中国工商银行“工银 e 企付”

年金账管等一站式服务。通过金融资产综合服务平台的建立，实现一是面向全角色服务的架构体系，根据业务组织架构划分服务边界，降低了系统内部与外部的耦合度。二是全球化服务的设计支持，采用机构差异化配置机制，满足 7×24 小时不间断的跨时区系统运行需求。三是模型化的灵活配置，通过面向业务领域建模，融入灵活配置设计，将系统处理逻辑与外部业务数据解耦，实现业务处理的灵活、可扩展。四是业务运营的全方位监测，采用可视化组件、大数据量业务数据组件及日志收集组件，实现了境内全辖业务指标、系统应用指标的统一分析预警。

中国银行金融资产综合服务平台覆盖境内全部分行并依托 8 家海外分行集中运营，截至 2019 年末，金融资产服务已辐射到全球 56 个国家和地区的 545 家海外分行。通过系统建设，中国银行成为同业中首家推出存托系统并获得业务资质的商业银行，以及首家实现中债自动化处理的托管行，行外对接交易及结算机构 5 家，资讯商 2 家，管理人 103 家，基金外包规模数千亿元，资管及托管发行产品万余只，管理资产规模数万亿元。

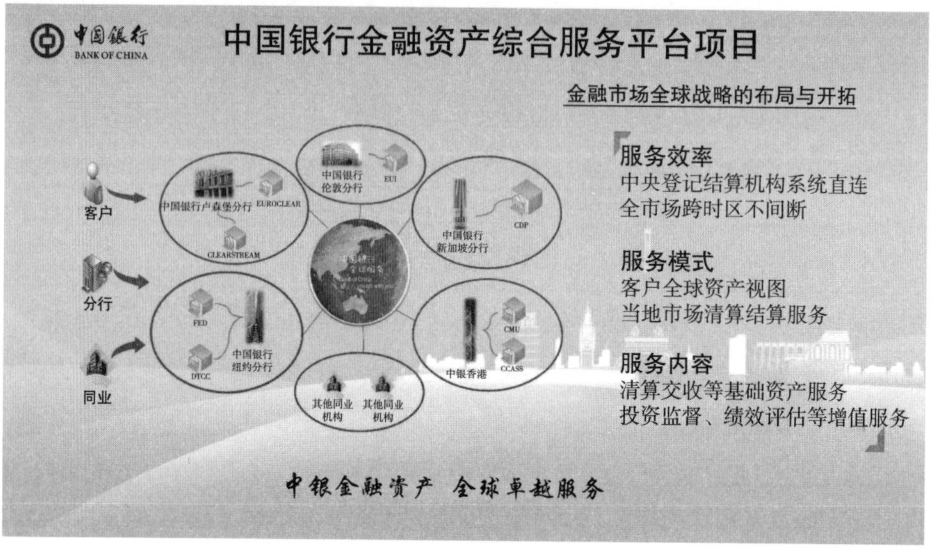

图 5-2 中国银行金融资产综合服务平台

中国建设银行金融科技产教融合项目以国家产教融合政策、教育改革方针为遵循，聚合新金融科技、普惠、共享属性，结合中国建设银行实际，研究提出了金融科技产教融合理论，理论与实践深度融合，遵循专业化、共享化、科技化、国际化理念，以服务社会、服务战略、服务员工为使命，以建行大学和新金融人才产教融合联盟为组织保障，以建行大学网络平台、金融科技创新服务云平台为支撑，围绕住房租赁、金融科技、普惠金融等核心战略，勾勒出较为清晰的各大实践体系，形成较为领先且具备实用价值的金融科技产教融合理论与实践。

中国建设银行金融科技产教融合项目通过人工智能、区块链、云计算等科技手段，推进技术平台建设，打造终身学习的现代职业教育平台和资源共享的科技创新服务平台生态圈，以建设银行自身的学习资源、培训资源、技术资源、客户资源为依托，深化校企合作机制，鼓励科技创新，为新金融人才培养、产教融合纵深发展提供土壤，在高校与企业之间架起一座科研创新和成果转化的桥梁，不断提升产、学、研对接服务水平和协同创新能力。2019年，建行大学获得了中国最佳企业大学排行榜“2019年度中国企业大学趋势引领奖”第一名、“2019年度中国最具影响力企业大学”等荣誉奖项。

二、打造开放银行产品，实现合作共赢发展

新业态下灵活多变的金融需求，导致商业银行必须打破封闭式的服务限制，建立开放银行体系，以API平台支持合作方与银行一起共同构建金融科技生态圈。开放平台（Open API），向合作方开放标准的、可消费的金融服务，通过与合作方资源共建场景，加速业务演进，促进合作共赢。

中国民生银行直销银行3.0项目依托金融科技为基础支撑，重视平台经济、金融生态、标准化产品、大数据、智能风控等能力的输出，成功实现了3.0版本的跨越，以“金融云+开放式+链接器”的综合性开放式金融云服务，通过“API+H5”双轮驱动模式赋能大型企业、中小企业、产业链上下游企业，进一步拓展服务的广度及深度，为合作企业的C端客户（单一角色群体）和小型B端客户（多角色群体）提供更丰富的产品、更智慧的纯线上金融服务，以标准化、场景化、可复制、高效能输出的方式为传统企业提供科技金融服务支持。直销银行立足打造简单快捷高效的纯线上金融服务，大力升级优化系统，持续创新产品，提升服务品质，积极探索场景金融创新，让更多互联网用户能享受低门槛、收益好、品类丰富的直销银行服务，得到了广大用户的肯定和青睐。

中国民生银行直销银行坚持“简单的银行”经营理念，打造符合互联网用户使用习惯的、安全的、高效的科技金融服务，从产品、服务、体验等角度开展全方位服务，获得了客户的高度信任。截至2019年末，客户数逼近3200万，微信粉丝数已突破120万，客户体

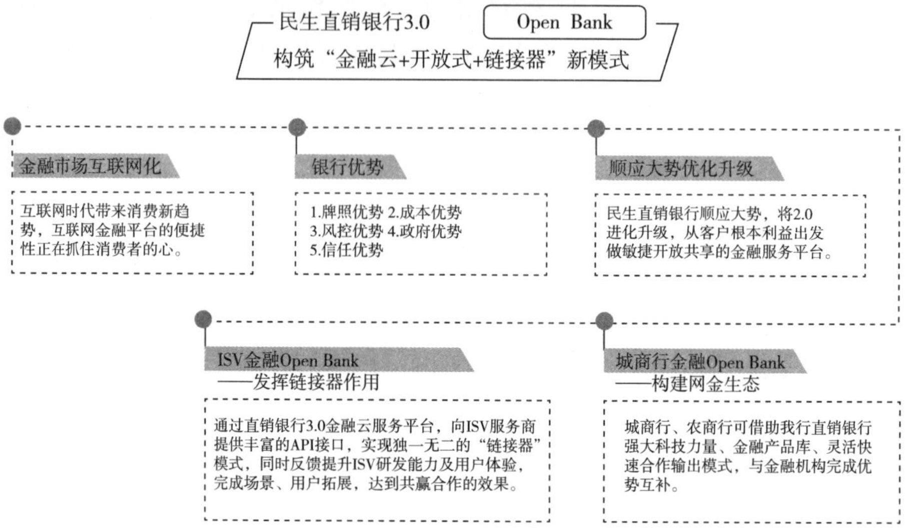

图 5-3　中国民生银行直销银行 3.0

验 NPS 值（净推荐值）在 2018 年和 2019 年分别为 40.63% 和 47.32%，远高于同业。通过模式迭代升级、金融服务综合赋能，获得 300 多家企业的信赖和认可，如国家电网、华为、三大运营商、蚂蚁金服、京东、百度、小米、途虎养车等。

广发银行基于“金融能力安全共享，金融服务无处不在”的开放银行理念，以共建“平台互联、数据互通、能力开放、场景聚合”的金融生态体系为目标，搭建了广发金融开放平台。一方面把线上账户、资金结算、投资理财、网络融资、移动支付、生活服务等金融服务产品标准化并开放给第三方，另一方面将第三方有价值、形成互补的服务功能通过开放平台消除差异，简易地引入内部，以便为银行所用。通过“走出去，引进来”的方式，利用各方专业所长共建业务场景，形成开放、合作、共赢的生态圈。同时在技术上对渠道、安全、协议、限流控制等功能进行统一管控，保障银行标准化金融产品在合规前提下更快速、更安全地对外输出。一是采用管道技术，遵循设计开闭原则，支持热插拔。二是在线管理 API 等服务，不停机即时生效。为发布方提供产品、应用、API、H5、SDK 等服务资源的在线能力管理平台。三是采用独立的沙箱测试环境，支持自助接入和测试。截至 2019 年末，通过金融开放平台接入的合作商户累计 124 个，输出的广发标准金融产品有线上发卡、电子账户、网络贷款、网络理财、收银台、聚合支付、饭票、礼遇平台、对公账户等十多类，共输出 API 接口 268 个，输出 H5 页面 4 套，日均获客超过 10000 户，日均交易笔数约 200 万。

第二节　夯实信息化经营能力，加快数字化发展

为支撑数字化客户营销与服务体系，越来越多的银行将新的运营模式拓展至传统业务领域，通过生物识别、机器学习、自然语言处理等技术手段不断创新产品与服务，通过打造一站式、线上化的信贷平台，构建各类智能化的数据系统，提升了银行风险度量的精准度，增强了组织的韧性，推动实现客户旅程的全方位自动化，为客户提供便捷贴心的服务，从而提升服务效率与服务质量。

一、完善信用评价模型，重塑信贷客户旅程

随着金融科技技术和应用的发展成熟，不少商业银行积极加快完善个人客户、小微企业、民营企业、科创企业等重点领域的信贷流程和信用评价模型，降低运营管理成本和信贷风险，提高贷款发放效率和服务便利度，有效缓解实体经济融资难融资贵的困局，促进经济转型升级和新旧动能转换。

中国农业银行智慧信贷平台深度应用金融科技，以客户为中心，实现了智慧制造、智慧作业、智慧场景和智慧风控，重塑信贷客户旅程，并形成了“五位一体”的信贷体系。该项目采用共享式

服务架构，构建信贷中台；按照开放银行理念，形成全栈式接入技术体系；依托AI技术，打造信贷大脑，实现了信贷业务全流程的智慧作业；立足安全防控机制，建设信贷移动作业引擎，使信贷业务摆脱时空的限制，支持7×24小时离行作业，随时随地提供信贷服务；引入流计算技术，打造质检引擎，自动化对线上信贷业务进行实时和事后质量检查；基于大数据技术，研制信贷决策中枢，实现信用风险防控从人工到智能、从“一刀切”向“精准拆弹”转变、从事后向事前转变；借助区块链技术，自主研发区块链平台，解决多方信任问题，同时以智能合约方式实现客户智能化授信用信；自主研发了数字水印云服务平台；利用大数据技术，打造“无形”信贷产品，实现从有形产品到无形服务，从交付产品到交付体验的转变；依托客户画像+AI模型，构建“无感”客户服务。

截至2019年末，中国农业银行智慧信贷平台线上信贷已累计拓展200万农户、120万个人客户、20万小微客户，贷款余额超过5000亿元，同比增长超过400%；创新推出20多种场景模式，实现个人、“三农”、企业和政府等领域全覆盖；打造全渠道融合体系，实现一点触发，全网触达；不断探索智慧作业模式，创新电子签章功能，全面实现用印“零等待”。

平安银行全线上化智能贷款平台是一套可伸缩、高性能、高可用性的分布式互联网智能贷款平台，实现了多个产品一次申请的一站式服务，从而提高客户申请意愿，最大化客户流量价值，实现与合作伙伴共建商业生态。该平台的特点是支持全流程7×24小时服务，通过移动互联网、大数据风控、生物识别等技术，采用多数据源，基于数据挖掘和分析，只需用户提供少量信息，便可为用户提供极其简便的借款体验；通过Open API方式对接金融机构合作伙伴，通过机器学习算法实现智能路由，将客户意愿和合作伙伴金融服务能力智能匹配，破除发展瓶颈，降低金融服务门槛，满足经济社会发展多样化的金融需求。一方面平台采用异步流程，引入 Flowable 工作流，为流程重试、补偿提供了良好的技术支持。另一方面，平台使用了分片技术，对任务并行处理，极大地提高了日终批处理时效。服务接入 CAT 系统预警，提供准实时的健康检查，业务节点接入明镜台系统，实现业务基线准实时监控，为业务运营提供良好的技术支撑。

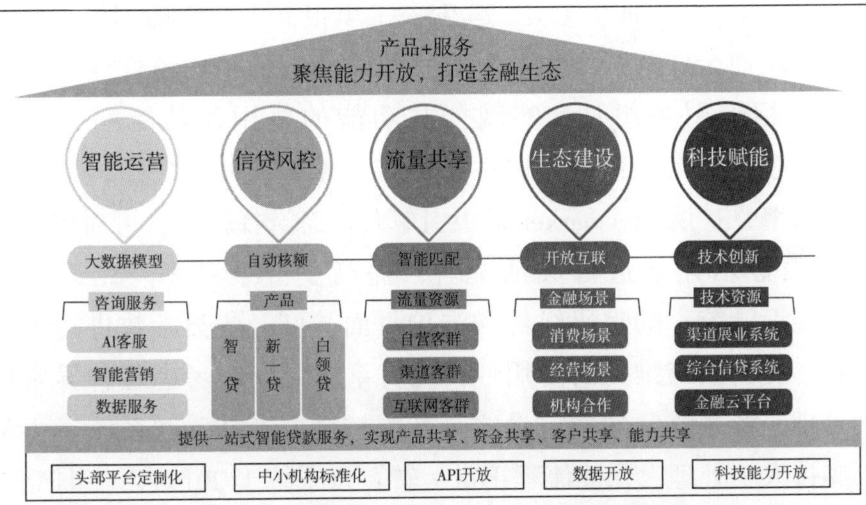

图 5-4　平安银行全线上化智能贷款平台全景业务

截至 2019 年末，智能贷款平台已经完成与 8 家合作机构的对接，共覆盖新用户 520 万人，累计放款 342 亿元。

二、深挖数据使用价值，增强数据洞察能力

通过人工智能、区块链、大数据等金融科技技术，可以有效打破数据孤岛，促进跨部门、跨企业甚至跨行业信息规范共享。不少商业银行通过构建全方位的信息共享机制，有效提升了数据洞察能力和基于场景的数据挖掘能力，充分释放大数据作为基础性战略资源的核心价值。

中信银行基于财务共享理念构建的新一代综合财务管理项

目，将员工报账、供应商付款等重复性高的财务工作流程化、标准化，与行内采购、人力、办公等系统对接，通过数据共享减少报销人员数据填报量，实现了预算归口管理、商旅统一预订结算等业务全流程线上操作，大幅提升了经营效率的同时还降低了成本，是全行财务信息数字化和可视化的良好实践。

新一代综合财务管理项目通过多系统集成，实现数据共享，同时系统嵌入 OCR 识别等模块，减少人工填报，支持移动审批，使业务在各个层面全流程线上操作。在系统设计层面采用组件化设计理念，提炼标准财务组件，实现公共功能的复用及功能间的松耦合，提高系统的灵活性、开放性和可扩展性。在开发层面构建灵活的模板引擎，扩展 Freemarker 模板引擎及动态选择控件，可对单据模块和页面显示元素进行灵活配置，提高了开发效率。在运维方面，系统设计统一的编码组件和维护页面，可对各类参数进行灵活的配置，提高系统维护的易用性；同时系统设计时考虑各种异常场景的处理，各系统间的接口设置了开关控制，若某关联系统发生阻断，支持人工处理，保障流程正常运转。该系统于 2019 年 11 月完成全行推广，上线后整体运行稳定，用户数超过 5 万，单日业务量均值超过万笔，将单笔报销时长由 16 个工作日缩短至 5 个工作日，减少分行行政财务报账人员 150 名，转岗支持一线业务发展。未来预计每年减少各类采购、人员与业务处理成本近 1 亿元。

广发银行构建智能财务顾问平台，在系统设计上涵盖了多样化的产品类型，包括股权、债券、资产交易和顾问咨询等，满足系统参与方全方面的投融资需求。该平台打破集团层面、银行内部各分支行、各部门和各业务条线的信息壁垒、资源壁垒，加深资源和信息流动，推进银保协同。

智能财务顾问平台基于 SOA 化的思想，解耦投融资业务，将技术服务进行整合，形成了标准化的服务组件，实现交易前端服务的智能化。广发银行投资银行部自 2019 年 11 月开始向全行推广使用智能财务顾问平台，自系统上线以来总体运行稳定，改善了以往线下烦琐的资源信息整理过程，实现了市场资源收集及项目智能匹配、在线交流、线上审批等功能，从而减轻了分支行客户经理繁重的企业财报数据摘录、财务分析、项目搜寻、资金寻找等工作，提高了全行拓展居间业务的机会和效率。

中国工商银行构建了 AI 指数产品建设项目。该系统率先运用业界领先的“云原生”技术打造组件化+微服务的分布式架构体系，通过一键式灰度发布机制，实现客户无感的系统升级，保证 7×24 小时对外服务能力。运用决策树、拉索回归等人工智能算法，自主研发择时、多因子择基、资产配置等基础模型，支持各类投资组合策略的高效开发。建立了模型研发、试运行、上线、策略调整、产品发布、产品运营的完整链路，支撑产品的快速创新及推广。该系统构建的“AI 指数”（“中证工银财富基金指数”）已成为基金市场的经典指数。该系统推出的“AI 投”系列产品获得客户高度认可，截至 2019 年末，累计销售额约 200 亿元，其中 AI 指数累计销售额为 127 亿元，客户总数已达 25 万。AI 指数产品月访问约达到 200 万人次；90%的持仓客户获得盈利，开创了基金公司、代销机构、客户三赢的局面。

第三节 打造全渠道营销闭环，实现全方位服务

随着客户对服务的及时性、便捷性和个性化的需求不断提升，现有的客户经营、产品销售、渠道管理已无法满足移动互联生态下客户需求的变化。为此，银行必须重构组织、运营、技术、人才，将数字化全面贯彻前中后台，借鉴互联网用户经营思路，以用

户为中心，以服务为导向，促进客户价值与产品、渠道管理的协调发展。搭建起线上线下渠道协同、大数据驱动的个性化营销平台，形成“用户运营—服务创新—价值转化”的数字化客户营销闭环。

一、重构传统营销模式，提升零售客户体验

随着网上银行、手机银行、电话银行等新兴的线上渠道业务蓬勃发展，传统的柜面、ATM、POS 机等渠道业务功能也在不断地扩充，银行的营销理念逐步完善，市场竞争激烈程度不断攀升，传统营销模式受到极大挑战，零售客户体验得到前所未有的重视。

在招商银行手机银行全生命周期技术生态圈建设项目中，招商银行利用大数据、人工智能等技术打造覆盖产品全生命周期的技术生态圈，通过构建技术中台、AIOps 基础设施及工具来支撑产品研发、运维、运营体系，形成完整生态闭环。生态圈的成功构建改变了产品及团队管理模式，通过以数据驱动产品进步，以技术生态为产品及研发团队赋能，最终实现 App 的数字化转型。该项目主要技术特点体现在：一是建立开放式移动技术中台，通过微服务架构革新，将业务拆解成可独立开发、构建、部署、运行的服务单元，支持并行响应大量需求和敏捷迭代发布，同时通过小程序开放平台提供开放式 API，赋能分行及合作商户打造个性化应用，实现线上线下全渠道融合。二是实现自动化代码生成、自动化测试、代码扫描、自动构建部署等技术，打造产品迭代式开发、增量式交付的敏捷研发模式。三是打造企业级智能监控与安全防御平台，充分实践 AIOps 智能运维技术，以机器智能辅助运维人员决策，实现秒级告警，分钟级故障定位，提供从开发测试到投产运维的全生命周期无感知安全检测能力。四是通过数据自动采集、分析、矫正等技术，实现数据实时保鲜和可视化管理，并基于数据重现用户旅程及问题智能感

知，打通客户、坐席、研发壁垒，建立自动化问题跟踪机制，推动产品持续闭环改进。

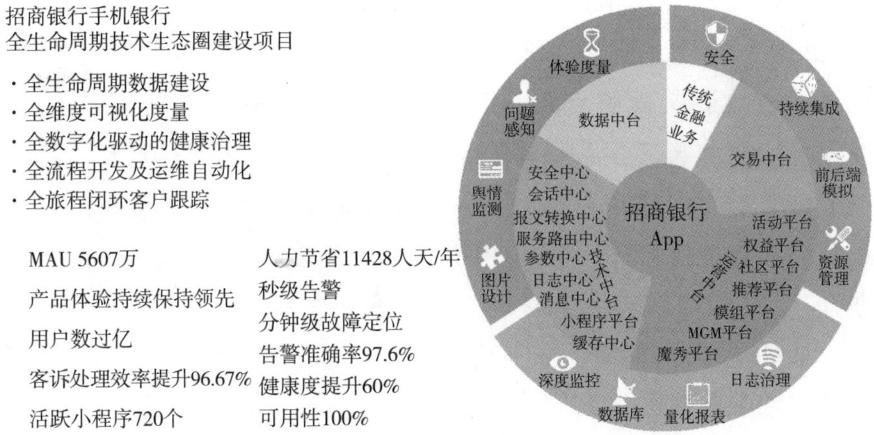

图 5-5　招商银行手机银行技术生态圈

截至 2019 年末，招商银行 App 的 MAU（月活跃用户人数）达到 5607 万，相比 2018 年同期增长 35%。2017—2019 年，每功能点所需人力从 2.18 小时降至 1.86 小时，每功能点降低 0.32 小时，平均生产率提升 15%。用户投诉可实现分钟级问题定位，效率提升 96.67%。每天采集来自 10000+页面、10 亿+访问数据，精准定位系统性能瓶颈，提供解决方案优化页面访问。截至 2019 年 9 月末，业务功能页面总加载时间较 2019 年 3 月整体降低 27.57%，白屏时间控制在 500 毫秒以内。技术生态为招商银行外拓场景赋能，提供开放能力，为分行及合作商户提供个性化应用构建赋能，可为用户提供饭票、电影票、出行、资讯、社区等综合性的便捷服务，目前在线活跃小程序 720 个，一网通支付共累计签约商户 2192 户。

招商银行零售客户体验管理平台（以下简称“风铃系统”）实现对零售客户体验的系统化、智能化、可视化监测管理，为其“打造最佳客户体验银行”的战略落地提供了数字化支撑与保障。系统以客户为中心视角，打破部门壁垒，协同零售各业务部门参与客户旅程梳理、监测指标设计、系统功能规划等工作，实现对“全客群、全产品、全渠道”的零售 3.0 体系的全面覆盖。风铃系统具有以下特点：一是科学性监测体系及旅程诊断框架，该体系基于麦肯锡“旅程脉搏”理论，构建“客户体验金字塔”方法论，科学客观地将客户体验指数逐层分解到可量化监测的诊断指标。二是多渠道、实时性客户之声收集，实现智能化、可视化的内容设计和发布，即时、定期的旅程样本识别和问卷触达，多渠道、全方位获取客户反馈。三是构建了智能感知平台，利用机器学习以及 NLP 技术（自然语言处理），及时感知客户情绪变化，挖掘客户疑难诉求的痛点。四是可视化、移动化仪表盘平台，实现多渠道、多层次客户之声展示，即时反馈与跟踪管理。

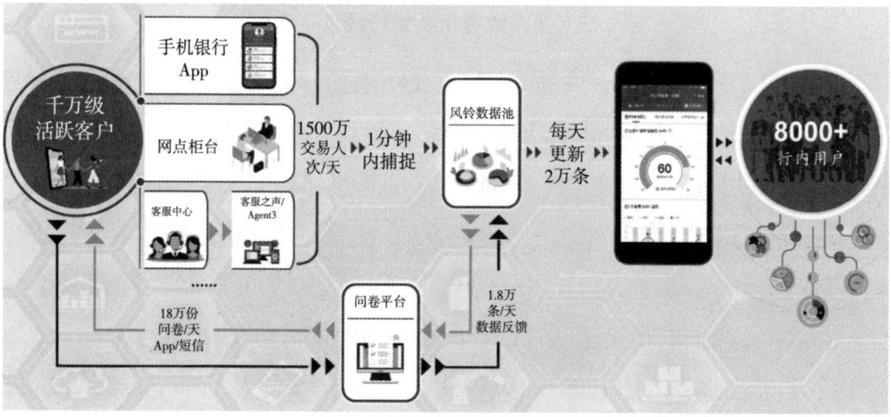

图 5-6 招商银行风铃系统

长期来看，招商银行风铃系统作为面向全客群、全产品、全渠道的综合性平台，在客户体验监测管理、体验提升、产品测试与客群经营中具有较大的应用场景与价值。2019 年末的客户净推荐指数（NPS）相比 2019 年 1 月试运行时提升了 26%。零售客户体验的显著提高对零售两大指标（App 活跃度及零售客户资产规模）也起到了很好的促动作用，手机银行 App 的 MAU（月活跃用户人数）同比增长了 1363 万，增幅为 32.83%，AUM（月日均资产）同比增长了 6918 亿元，增幅为 10.17%。

浦发银行智能化营销秉持“以数据为核心，以技术为驱动”理念，构建高度自动化、智能化、穿透式的零售客户线上营销新模式。专注于零售长尾客户自动化与智能化营销，解决了营销场景中规模化覆盖和差异化难以共存的问题，以更低的营销成本、更高的营销效率、更佳的营销效果开展零售海量客户线上自动化精准营销。具有以下特点：一是研发了覆盖营销全流程的“自动流技术”，实现了海量客户自动化营销，使得营销活动无须人的参与；应用“一人一链”技术，实现“千人千面”的差异化营销，解决了线上营销过程中规模化和差异化两大关键问题。二是基于流式技术实时采集客户行为并进行交易感知与计算，提供实时动态的用户营销体验。三是提供自适应的精准客户分群与多维空间自适应营销因子配置能力。通过对多维空间数据的剖析研究，对用户金融行为数据、营销反馈数据和活动策划数据等进行融合建模，预测最为适宜的时间、渠道权益配置、活动门槛等因子，精准地匹配用户需求。自上线以来，短信渠道响应度平均达到 9.81%，比常规线上营销响应率 1.48%高出 6.6 倍，达标率平均达到 2.35%以上，比常规线上营销达标率 0.17%高出 13.8 倍。截至 2019 年末，开展总分行营销活动累计 150 余场，活动准备时间从半个月缩短至半天，累计营销客群 2052 万人次，活动带来零售客户月日均金融资产提升累计超过 105 亿元，新增活跃客户逾 167 万。

二、融合线上线下协同，改进渠道服务质量

随着数字化转型的深入，不少商业银行积极发挥线下资源优势，构筑线上线下一体化的经营发展模式，加快制订线上线下渠道布局规划和全渠道服务实施方案，实现电子渠道与实体网点、自助

设备等渠道的信息共享和服务整合，增强交叉营销、跨渠道服务水平，解决线上线下发展不平衡不充分的问题。

交通银行线上线下一体化营销获客平台是基于互联网搭建的线上无形银行，面向所有社会客群提供综合服务及专业解决方案，实现互联网获客、活客。该项目基于多个平台、多个渠道实现了策略互补、服务接力的一体化营销，解决了获客难度大、传统营销无法形成闭环、各渠道营销割裂、长尾客户缺乏服务等问题。该项目采用 H5、小程序和营销整合二维码等方式，将客户服务与产品营销嵌入互联网入口和线下场景，实现有效的获客、活客。基于大数据平台整合九大渠道（包括手机银行 App、买单吧 App、微信、厅堂手持终端、客户经理工作平台、智易通、短信、消息盒子、外呼）的营销信息，提供统一的营销策略和客户服务，形成营销闭环；采用流计算捕获用户行为变化，实时更新营销策略；引入智能营销助手，实现了客户经理 7×24 小时的全时服务。通过 H5 等形式嵌入银行及微信等互联网入口，交易数据与银行服务器直接传输，避免信息泄露。采用主流的 OAuth2. 0 机制，防止用户信息被篡改和重放攻击，符合系统安全性要求。基于自主研发的 JUMP Cloud 平台，构建微服务架构，依托 PaaS 云平台，快速应对互联网环境下大容量、潮汐式应用场景需求。实现日均主动营销上千万人次，云集群高峰支持上万 TPS（综合事务处理）。

交通银行线上线下一体化营销获客平台已在交通银行全国各分行完成推广。截至 2019 年末，仅深圳一家试点分行用户就已超过十万人，已有上千名注册客户经理，涵盖大堂、个金、零贷、对公客户经理与柜员等所有业务条线，线上交互量以及信息群发量累计超过上千万人次，累计拓展个人客户十多万户，公司客户上千户，新增各类金融销售超过上百亿元。

中国民生银行信用卡中心新一代智能营销平台借助技术与数据

手段，驱动民生信用卡在线营销向重视客户体验、持续精细化分群经营转型，构建覆盖信用卡全生命周期的营销支撑平台，实现了目标客群在线筛选、活动方案制订、试算选优、审批发布、销售引导、售后权益闭环、过程监控与效果评估的统一管控。该平台提供多层流量管控，平稳应对互联网高并发访问压力；围绕营销业务全流程打通整合信用卡中心各消息触达渠道、互联网渠道应用、后端产品系统，向业务提供统一定制工作台，支持业务人员以可视化方式自助编排符合自身目的的组合营销流程；基于历史数据的试算推演、小样本试投与调优，为方案事前优化提供数据支撑；活动中提供可视化客群触达反馈分析、各环节转化实时分析与动态调整手段；基于评估指标体系的事后分析，为后续方案优化提供辅助决策支持。

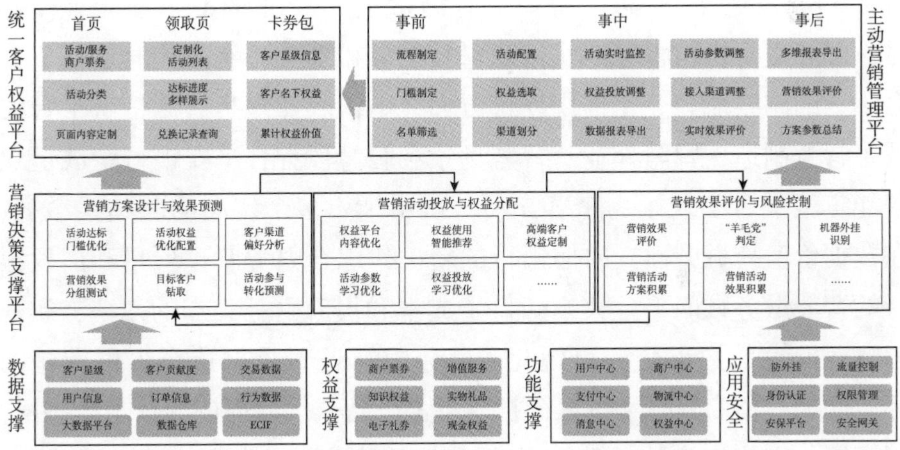

图 5–7　中国民生银行信用卡中心新一代智能营销平台

中国民生银行信用卡中心新一代智能营销平台从投产至 2019 年末的两年间，上线各类营销活动 244 个，单营销活动平均科技实施成本降低为投产前的 5%，平均实施周期缩短为原来的 10%，产品/服务销售达成后发放的各类权益礼品 3092 万份，为信用卡中心拉新、促活、促刷、促分期等目标的实现提供了坚实的技术支撑。

第四节　小　结

随着实体经济中各大产业逐渐加快数字化发展的进程，银行业的跨界融合发展需求变得更加紧迫，也推动银行不断加强与其他产业联合构建开放生态圈的力度。具体来看，在综合服务方面，中国工商银行“工银 e 企付”的接入超过百家平台，助力民生、扶持“三农”、打造对公支付生态圈；中国银行形成多部门共享的金融资产服务中台，提供银行理财、基金、保险、信托等金融资产的一站式服务。在开放银行方面，中国民生银行直销银行 3.0 项目以“金融云+开放式+链接器”服务，有力赋能了产业链上下游企业。同时，部分银行机构积极夯实信息科技的基础能力，有效提升了基于数据驱动的洞察能力。在信用评价方面，中国农业银行智慧信贷平台实现了智慧制造、智慧作业、智慧场景和智慧风控；平安银行全线上化智能贷款平台实现了一个客户、一次申请、多个产品的一站式服务。在数据价值挖掘方面，中信银行的新一代综合财务管理项目和广发银行的智能财务顾问平台大幅降低了成本和提升财务工作的效率，实现了财务信息的数字化和可视化。部分银行还着重打造全渠道营销闭环，例如，招商银行手机银行打造覆盖产品全生命周期的技术生态圈；招商银行零售客户体验管理平台则实现了对零售客户体验的系统化、智能化、可视化监测管理，为客户提供最佳服务体验；中国交通银行线上线下一体化营销获客平台基于九大渠道实现了策略互补、服务接力的一体化营销；中国民生银行信用卡中心新一代智能营销平台则支撑了总部所有业务部门和全国分中心各业务条线营销需求的快速实施。不难预见，未来银行业的金融科技生态建设还将进一步完善，实现更深化、更广泛、更高质量的数字化转型升级发展。

第六章　健全网络安全防护体系，提升信息科技安全水平

金融是现代经济的核心，是实体经济的血脉。金融安全是国家安全的重要组成部分，维护金融安全是关系我国经济社会发展全局的一件带有战略性、根本性的大事。近年来，国际局势复杂多变，全球网络安全态势日益严峻，网络安全和安全可控已上升为国家战略，成为捍卫国家安全、金融安全的重要组成部分。各金融机构坚定落实网络安全战略，正确把握安全与发展的关系，开展网络安全宣传教育，增强全民网络安全意识，全面加强网络安全保障体系和能力建设，切实强化个人金融信息保护，积极运用金融科技提升金融风险的识别、预警和处置能力，坚决守住金融风险底线。围绕关键信息基础设施，积极推动信息技术创新应用，深入开展金融业基础技术研究，健全完善安全可控体系，全面提升信息科技自主水平和关键核心技术掌控能力，以科技创新催生新发展动能，促进金融业稳健发展。

第一节　完善网络安全治理体系，增强网络安全防护能力

随着人工智能、云计算、大数据等前沿技术的快速发展，金融与科技深度融合，金融科技在助力金融产品和服务模式创新、推动业务提质增效的同时，也带来了重要信息泄露、系统被恶意攻击等

多种网络安全挑战，给经济社会正常运转带来巨大风险。为有效应对复杂多变的网络安全态势，各金融机构持续加大网络安全管控力度，健全网络安全防护体系，切实提高安全管控水平。加强网络安全态势感知能力，动态监测分析网络流量和网络行为，准确把握网络态势和网络威胁，实现风险预判预警，显著增强安全保障能力。

一、优化信息安全体系架构，提高安全管控水平

为高效应对内外部安全威胁，交通银行以安全人员为核心、大数据为基础、威胁场景为驱动、态势感知为支撑、协同联动为手段，通过建设总分行协同联动的安全运营平台，构建了全集团统一运营体系。运用智能技术分析安全态势数据，配套建立高效的管控流程，实现全集团安全威胁告警事件统一管理，为全集团业务发展提供有力的技术支撑和安全保障。该成果从信息安全威胁全生命周期管控视角，聚焦安全运营、大数据、威胁监测等领先的信息安全技术发展方向，构建了完整的集团一体化“安全运营体系”。从全集团层面出发整体规划部署，构建协同联动的安全平台，集中管理全集团安全态势数据，利用攻击链分析实现对安全威胁端到端全过程检测；运用大数据算法，实现对高级持续威胁的准确告警和定位；通过自动流程编排技术的创新运用，实现安全事件的分钟级响应处置，有效提升运营决策效能；围绕团队、平台、流程，构建以运营绩效考核、运营服务报告为核心的保障机制，实现对安全威胁、事件和处置等多维度量化评估。

交通银行智能安全运营体系经过一系列安全攻防实战演练检验，实现了重大信息安全事件为零，重要业务系统从未被攻破，在日常信息安全防护中发挥了重要作用，有效避免了信息安全事件造成的重大经济损失。通过自动流程编排安全处置操作，全方位、多维度监测内外部风险，将安全威胁告警处置时间由小时级缩短至分

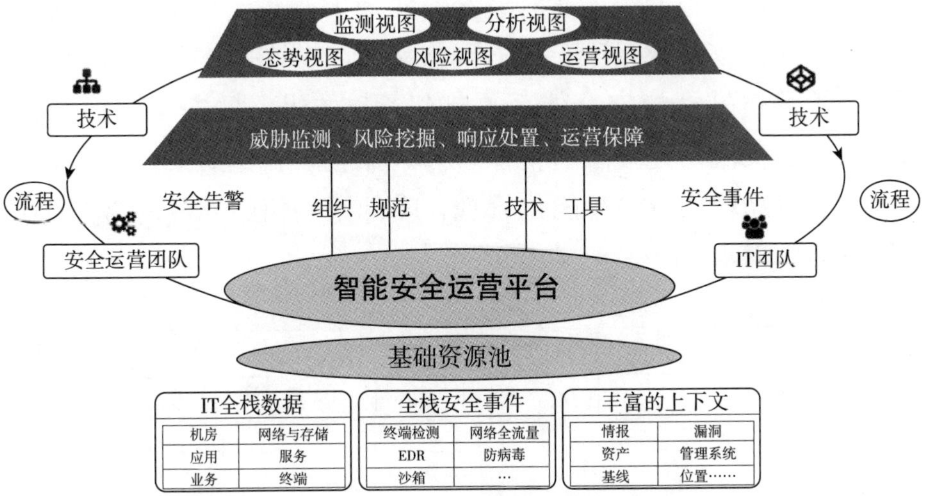

图 6-1　交通银行智能安全运营体系

钟级，最终实现对海量告警事件从“被动防御”到“可分析、主动防御”的转变。同时，通过全集团集中建设的运营模式，也有效降低了各机构独立建设的运营成本；交通银行在智能安全运营体系建设的积极探索，对提升金融行业态势感知与信息共享能力、共同打造网络安全生态圈、建立安全运营管理行业规范具有重要借鉴意义。

为更好地支持应用灵活部署和推进业务云化转型，提升网络运维智能化、自动化管理水平，中国农业银行构建了开放网络生态系统。该系统以“统一架构、统一标准、统一配置、统一管理”为原则，完成通道域网络技术架构和智能网络服务管理架构整体规划设计。通过多层级骨干网的升级优化，构建逻辑统一的接入网，提供开放的业务支撑和机构接入能力，提升智能网络调度和管理效能，打造多样性服务生态，实现了“架构统一、融合承载、灵活接入、智能高效、平灾结合、安全稳固”的建设目标。开放网络生态系统通过网络虚拟化技术构建通道域网络资源池，实现多机构多类型数据统一接入共享承载，充分利用骨干网络物理资源，有效保障了数据安全可靠传输；创新性研究和使用分段路由技术，部署基于分段路由流量工程的智能管理系统，实现了业务流量智能调度和监管；利用双栈技术全面升级 IPv6 网络架构，支持总分行 IPv6 应用部署；完善通道域全栈安全体系，健全了立体纵深的安全防护能力；基于软件定义网络建立了智能服务管理架构，自主研发实现了可视化监控、自动化分析、智能化管理，降低了网络链路租用成本，提升了网络管理水平。

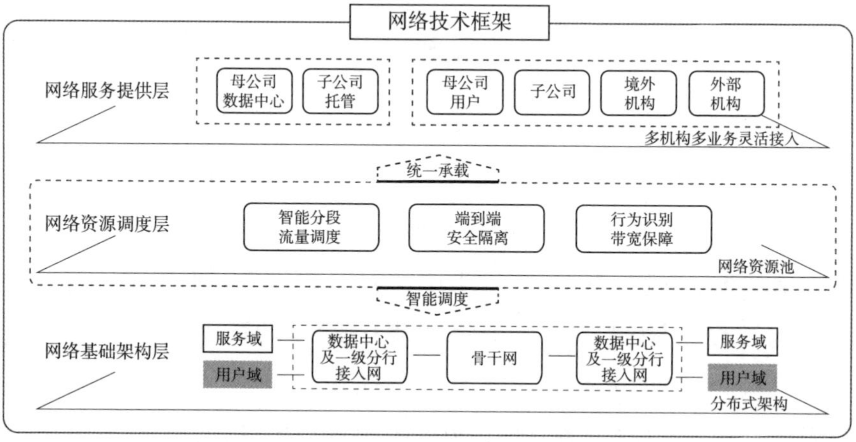

图 6-2　中国农业银行开放网络生态系统

中国农业银行开放网络生态系统能够满足不同机构、不同类型业务共享安全传输需要，能够实现网络架构高度冗余，网络可用性达到 99. 99%，NRO（网络恢复目标）小于 1 秒，在同等传输容量情况下，提升了核心业务保障能力。开放网络生态系统在中国农业银行应用实践以来，实现了通道域网络整体架构的全面优化，有效提升了网络智能化管理水平，为中国农业银行业务发展和数字化转型提供了有力支撑。

为应对严监管、实战化、常态化、体系化的金融业网络安全"新常态"，提升网络安全竞争力，中国银行首次系统性地以对抗视角，站在企业整体高度，完成了满足全球监管要求的企业网络安全防御技术架构顶层设计。该网络安全防御技术架构深入分析研究网络攻防技术，统一规划网络安全防御，从整体上指导中国银行网络安全防御技术建设部署，以满足内外部监管和体系认证要求，抵御网络安全风险。该架构规划确立了中国银行网络安全防御重点工作和实施路径，完善了纵深与主动防御顶层设计，为中国银行进一步提升整体安全防护能力奠定基础。

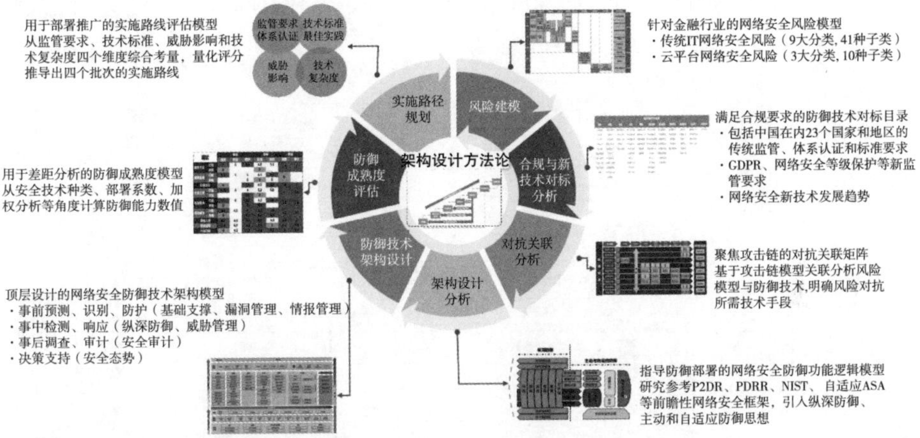

图 6-3 中国银行网络安全防御技术架构

该研究成果已应用于中国银行网络安全防御整体建设中，取得了显著成效，对金融同业网络安全防御建设工作具有良好的借鉴和参考意义。自成果推广应用以来，中国银行网络安全防护能力显著增强，网络安全防御技术架构帮助中国银行成功抵御十亿多次的互联网攻击行为，发现和处置十多万起安全威胁事件，以实践验证了架构设计的科学性和有效性。

近年来，全球网络攻击和客户信息泄露事件频发，引发国内外客户广泛关注。中国邮政储蓄银行以“客户价值”为导向，以“数据价值”为中心，以“安全即服务”为技术路线，促进“主动防御”转型，积极探索构建了一套纵深防御体系，并细化了关键实施技术，指导和规范客户个人信息保护工作，有效提升了中国邮政储蓄银行客户信息保护能力，是国家标准《信息安全技术个人信息安全规范》在银行业的有益探索和落地实践。该体系设计的“资产识别—安全防护—安全检测—响应恢复”（IPDR2）模型，涵盖前台、中台、后台，贯穿事前、事中、事后，覆盖客户个人信息从采集到销毁全周期，综合利用了多因素认证、即时加密、动态脱敏、数据水印、动态授权和安全组件等技术，平衡了安全保护与合理利用的关系，满足了新时代环境下的新型复杂数据利用需求，更好地保障了客户信息安全。

图 6-4 中国邮政储蓄银行客户个人信息安全保护技术体系

通过该体系的研究和落地，中国邮政储蓄银行制订了三年改进提升专项计划，发布了个人客户信息保护专项管理制度，完成了近200项重要业务流程的优化改造，建设了数据脱敏、商密文件管理等支撑系统，牵头编制出版了《个人信息保护——基于GB/T 35273的最佳实践》，有效指导了当前和今后一段时期内中国邮政储蓄银行的客户信息保护工作。

二、增强网络安全技防能力，支撑业务稳健发展

为进一步夯实网络安全基础，提升网络运维管理水平，国家开发银行基于“报文采集+流量管理+数据分析”网络流量监控体系架构，通过构建多活数据中心网络流量集中管理平台，对各中心流量进行统一汇聚管理，实现跨中心、跨区域、跨机房间网络流量的自由调配和按需分配。该平台支持对网络流量的实时采集处理和多维度分析，满足网络性能分析子系统、业务性能分析子系统和安全态势感知子系统的使用，实现网络异常状况的可视化监控与及时预警、业务交易全路径秒级监控、网络安全事件实时侦测处置，显著提升了数据中心生产运维水平和风险管控能力。该平台通过对流量采集、处理、分析进行分层组网，并采用软探针技术和隧道技术，实现多活数据中心云网流量的整合；通过 KPI 分析引擎、交易流量建模和下钻分析技术，实现了业务交易全路径实时可视化监控；采用深度学习、大数据流式分析技术、异常行为场景建模等技术，实现网络攻击行为的实时侦测、预警、溯源和关联处置，安全风险由被动防御转为主动防御。

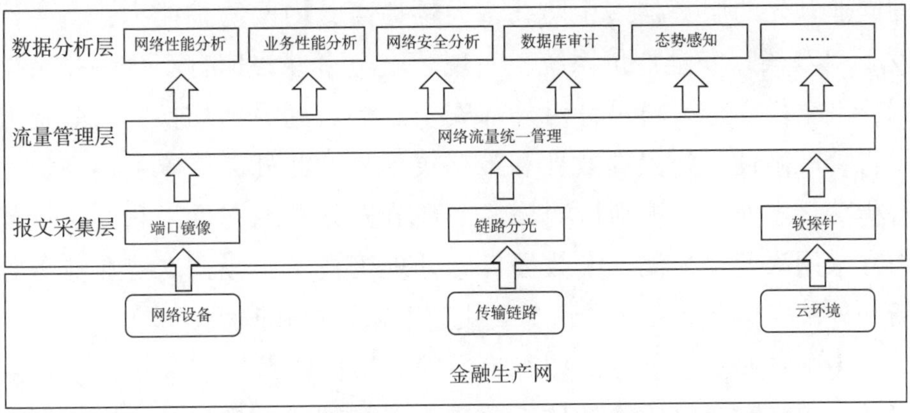

图 6–5　国家开发银行网络全流量多视角实时综合分析平台架构

国家开发银行网络全流量多视角实时综合分析平台实现了多数

据中心网络流量云网整合、统一管理、灵活调度、深度分析与态势感知。自推广使用以来，异常网络流量活动和生产安全问题的监测、发现和处置能力大幅增强，分析类设备资源消耗、投入成本和运维工作量显著降低，运维故障处理效率和生产网稳定运行水平有效提升，已成为金融生产网运维保障的重要支撑平台，在流量可视化、业务全路径建模与安全态势感知中发挥了关键作用。

为有效应对互联网出口安全威胁，中国农业银行从网络出口、内网安全、主动预防、动态响应四个方面，构建了总分行上下联动的全感知动态响应安全防护体系，实现了从重点防护到全面防护、从边界防御到内网防御、从被动整改到主动预防、从静态应急预案到动态响应的转变，较大程度提升了农业银行整体安全防护能力，能防御较强的外在威胁，为银行业务的稳定运行奠定网络安全基础。该体系创新实现了总、分行全面覆盖的外联区安全监测与防护，并实现了集中监控和管理，外联区安全防护能力大幅增强；在邮件安全方面创新性地实现了分类分级、集成高效的管控模式，有效提升了恶意邮件防护能力和敏感信息防泄露能力；部署了防范范围同业领先的服务器安全防线，大幅提高了内网防护能力；自主研发了“双核”安全评价系统，实现了安全事件快速自动化编排及处置，且全行安全策略可针对外部安全态势做到灵活切换，有效提升了告警准确性、处置高效性和策略灵活性。此外，该体系还在流量解析、日志处理、规则检测等多个环节充分考虑高可用和高扩展能力，采用深度包检测、大数据日志处理等技术手段，支持在业务创新和外部安全态势变化的情况下快速策略切换和升级。

中国农业银行全感知动态响应安全防控体系研究成果推广使用以来，网络安全整体防护体系更趋完善，敏感信息保护、安全漏洞发现和处置能力显著增强，安全防护能力全面提高，为银行业务稳定运行奠定了坚实的安全基础。

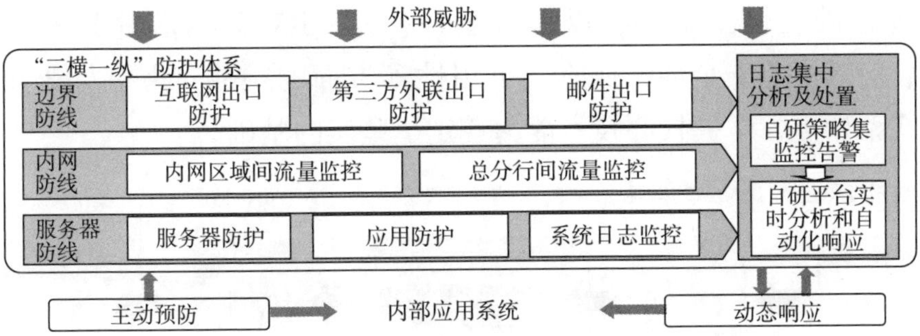

图 6-6 中国农业银行全感知动态响应安全防控体系

第二节 增强基础技术掌控能力，提升信息科技自主水平

金融行业要实现高质量发展，需要大力提升自主创新能力，尽快突破关键核心技术。为此，多个金融机构围绕自身关键信息基础设施，开展信息技术创新应用。通过推进 ARM 架构芯片的试点应用，实现自主研发数据库的落地部署，努力提高银行核心系统的软硬件自主创新水平，降低金融基础设施运行成本。同时，深入研究分布式消息总线服务和新一代金融分布式网络等技术，实现领域突破，提高科技内生动力。

一、促进基础设施应用探索，提升自主创新水平

芯片是系统硬件的基础，长期以来，金融行业对高性能芯片存在很深的依赖，X86 服务器配置要求越来越高，功耗也越来越大，现有技术优化已接近极限，为突破当前瓶颈，银行业需要提升自身在软硬件基础设施上的技术储备，加大底层技术探索与创新。为此，微众银行着力探索 ARM 架构芯片在重要民生场景的落地，开展了鲲鹏芯片在银行落地应用试点。基于 ARM 架构芯片技术，优先从 IO 密集型场景出发，构建分布式存储集群，并逐步在数据库、中间

件等基础组件上应用，以系统全栈使用 ARM 架构芯片技术为目标，应对当前安全性、成本、可用性等方面的挑战，为银行业在分布式架构下，掌握核心技术能力奠定了坚实的基础。

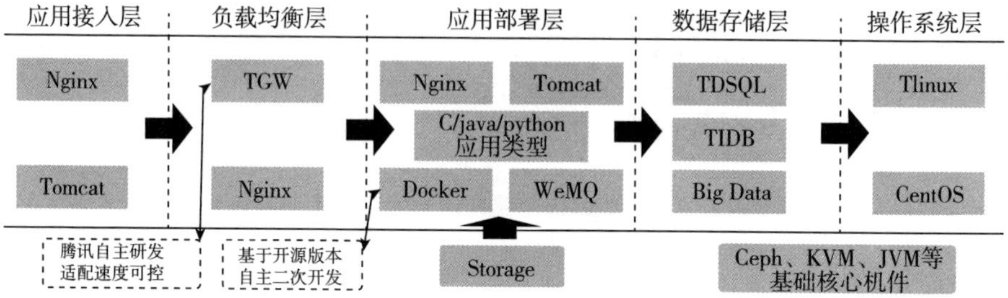

图 6-7　微众银行鲲鹏芯片全栈使用架构

本次应用试点实现了 ARM 架构芯片技术在分布式存储、数据库、中间件等场景下的应用，完成了分布式银行架构下基于国产芯片的系统全栈稳定运行试点，其中，分布式存储已完成规模化应用。基于开源的 Ceph 和 KVM 技术开展的自主研发，解决了 ARM 和 X86 混合部署的技术难题，实现了安全、稳定的芯片技术替代方案，能够支持平台大规模平稳部署迁移。自主研发的云管平台覆盖代码环境构建、版本发布、服务提供以及运营管理多个环节，消除了整个开发到运维的流程瓶颈。借助应用自动化兼容平台，实现了应用自适应全生命周期管理，解决了不同架构技术体系带来的管理问题，实现了资源快速投产及全生命周期管理，支持应用无差别化部署。

整个项目以微众银行分布式架构为基础，安全稳定地承载了微众银行的核心系统。该核心系统完全依靠自主设计研发，支持亿级海量用户和高并发交易。截至 2019 年末，支持超过 2.2 亿个人有效客户和 90 万小微企业用户，实现单日交易峰值近 6 亿笔，日均交易超过 3.6 亿笔，每账户运维成本降低至国内同业的十分之一以下。通过不断推广，整个架构技术已经扩展到分布式块存储、数据库服务、虚拟化、应用等核心领域，服务器规模达到 300 余台，新增 ARM 服

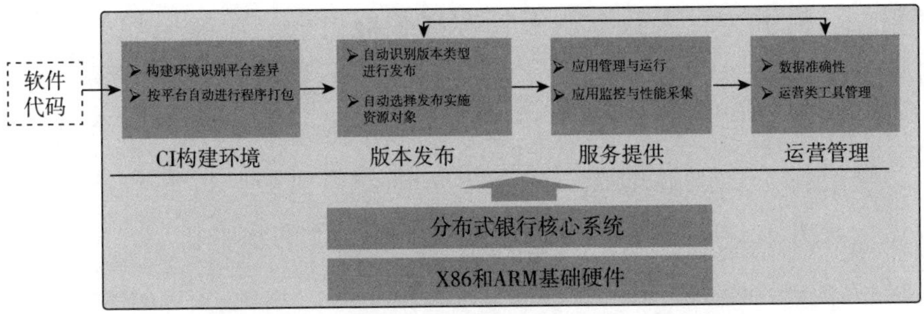

图 6-8　微众银行基于云管平台的代码部署流程

务器数量占微众银行全年新增服务器资源总量的 35%左右。此外在同等配置和综合性能方面，ARM 服务器较 X86 功耗优势明显，整体功耗下降 25%左右。通过配置与架构优化，实现 IT 资源成本下降 10%左右，经济效益显著。整个项目架构方案对进一步降低银行金融 IT 成本，推进国家普惠金融战略，提高银行业技术内生能力，提升业务连续性有着十分重要的意义。该架构对原有系统的改造小、适用系统范围广，且具有可分步实施、支持灰度发布和回退、风险可控的特点，在行业内具备很高的参考和推广价值，对推动自有基础硬件技术在银行业的使用具有重大意义。

《中国银行业信息科技“十三五”发展规划监管指导意见》提出了金融云的建设实施路线，提出了创新、开源与自主的要求。中信银行创新打造 DT 时代基于 X86 技术体系、具有自有知识产权的分布式信用卡核心系统 Star Card。该系统以信用卡核心系统为切入点，从应用层、数据库层、中间件层到基础设施层，综合利用微服务、分布式数据库、实时大数据及容器云等技术进行研发，具备高可用、易扩展、弹性伸缩、故障自愈等特性，能够满足小到万级、大到十亿级发卡需要。

Star Card 系统的核心部件采用自主创新的解决方案，使用 X86 服务器集群构建金融私有云平台，满足资源按需申请和弹性调度需要；使用自有知识产权的分布式数据库 Golden DB，基于分库分表技术能有效支撑小到万级、大到十亿级发卡；引入 Hadoop 大数据平台和组件，提供实时大数据服务，实现智能营销、智能风控等复杂业务场景。采用“同城双活、异地灾备”业务连续性部署方案，同城机房数据库采用快同步复制技术，该技术基于数据节点原生的半同步策略进行了功能性增强，保证了数据的零丢失。以客户维度设计数据分片方案，客户量的增加更有利于数据库的水平扩展。

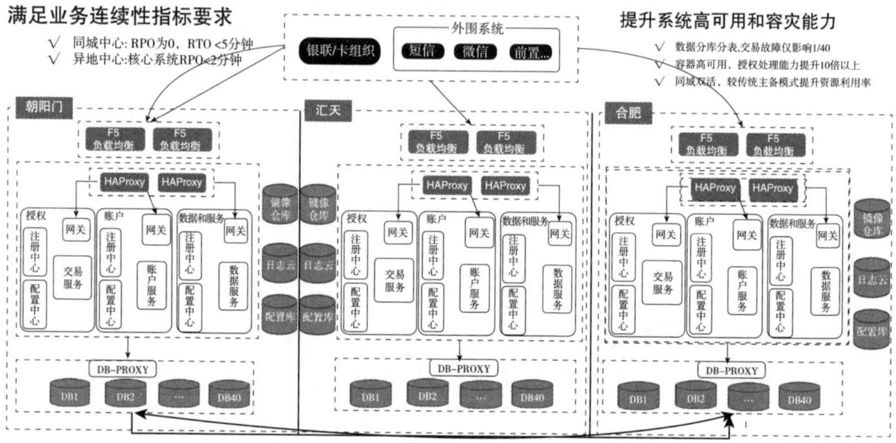

图 6-9　中信银行基于 Golden DB 的信用卡核心系统 Star Card 部署

截至 2019 年末，Star Card 已有效支撑 1.04 亿账户，日均交易量近 1.4 亿笔，交易峰值达到每秒 4500 笔，平均耗时 58 毫秒，系统整体服务可用率均大于 99.999%，率先开启系统高可用 5 个“9”新篇章。项目先后通过 2019 年“双 11”“双 12”购物节、年终决算等关键时点考验。Star Card 使用 X86 服务器集群，整体科技投入为大型机的五分之一；基于容器化部署，较虚拟机部署资源利用率提升 40%以上，同时具备容器编排、弹性伸缩等特性，资源管理效能提升 50%以上。Star Card 使用的自主创新解决方案和弹性技术架构，适用于小到万级、大到十亿级发卡量的金融机构，具备行业示范意义和推广价值。

中国邮政储蓄银行结合当前云技术、分布式架构技术的发展，基于 Open Stack 开放云平台，探索开源 Postgre SQL 数据库、Redis 数据库在金融系统中的使用场景。寻求金融云上分布式数据库的高可用、高安全、高性能、低成本的构建方式与方法，全面应用到银行核心系统的建设中。截至2020年末，中国邮政储蓄银行已经在第三方支付、手机银行、自助银行、网上银行、渠道云平台等150多个系统使用了Postgre SQL数据库，并部署了多个节点的Redis内存数据库。实现了渠道管理平台、手机银行等应用开源数据库同城分布式部署，完成了信贷业务平台、企业服务总线、流程整合平台等异地分布式部署。渠道云平台双活云自上线以来，处理能力提升明显，首先采用同城双中心开源数据库部署，两个中心的计算资源同时对外提供服务，充分利用设备资源，避免了设备闲置，其次实现了数据库在营业期间跨中心的无缝快速切换，增强了关键信息系统应对异常突发事件的能力。

二、专注重大技术研究攻关，提高科技内生能力

微众银行努力研究构建基础信息技术体系，防范信息科技风险，提升业务连续能力。在建设“两地七中心”多活架构的背景下，为满足快速增长的业务需求，微众银行设计研发了分布式消息总线中间件DeFiBus，解决了X86服务器集群运维中稳定性和一致性的问题，实现了同城任何一个数据中心故障均不影响对客户的业务服务，为客户提供更加可靠的金融服务。

该消息总线基于开源技术，结合金融场景，实现26万行代码的自主研发，核心部分代码已经通过Apache基金会项目组审核。该消息总线实现了一套消息总线就能够融合MQ和RPC框架两大功能，简化了业务系统的开发难度。DeFiBus采用自主研发的基于权重的分配算法，实现了基于客户的自动分库，打通多个数据中心间的系统通信，使系统对消息流向无感知，有效简化了分布式事务处理。此外自主研发了适应容错算法和双通道保障服务无损两套方案，实现分布式架构下自动故障容错隔离，降低了硬件故障带来的损失。

运行中明确了优先访问数据中心内下游系统的规则，大大减少了跨数据中心的通信流量，降低了端到端的交易延迟，提高了系统间通信的质量和稳定性。通过自主研发的服务治理管控平台，实现了系统级别和消息级别的双重鉴权，任何一次的服务调用均可被审计。

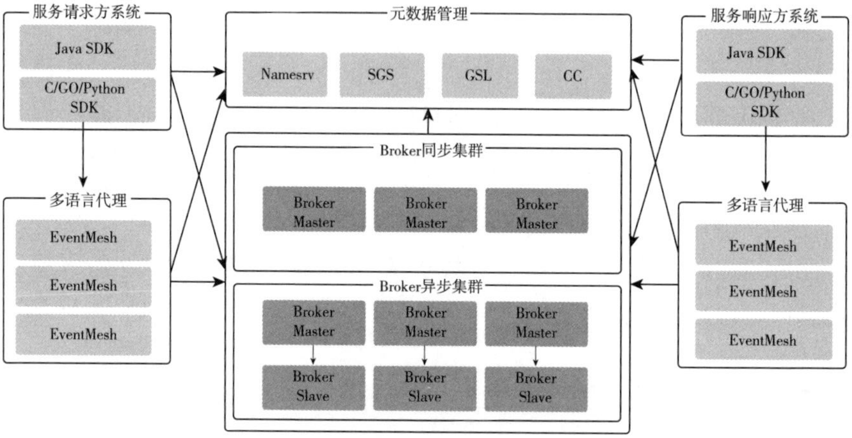

图 6-10 微众银行分布式消息总线 DeFiBus 架构

截至 2019 年末，DeFiBus 支撑了微众银行全行业务的稳定运行，建立了 83 个集群，接入服务数超过 12 万个，服务客户群体超过 2 亿，日均处理消息量超过百亿，金融交易消息峰值达到每秒 25 万笔。基于分布式消息总线的架构优化改造完成后，每组 DCN（数据中心节点）至少在同城两中心多活部署，应用系统在同城任一数据中心内不可用时，能由同城其他数据中心接替进行业务处理，对外继续提供服务，确保了系统服务的高可用性。此外微众银行进一步完善了整体灾备体系架构，同城容灾能力达到同城 RPO 等于零、同城 RTO 接近于零，提升了微众银行业务连续性的能力，有效保护了客户资金和业务安全。

中国银联股份有限公司通过分析金融机构向分布式数字化转型过程中的关键需求和技术，围绕“分布式高弹性架构”“大数据高效流转”和“共性基础安全机制”三大主题，从数据中心内部、数据中心边界、多数据中心之间、跨机构数据中心等多层次进行了关键技术的研究和创新。超高吞吐分布式 DMZ 网络基于开放式可编程交换芯片技术，结合优化的全流水线并发处理，能够达到超高性能的网络处理能力；多地多中心分布式弹性网络基于优化流量管理和调度算法、高效端到端业务编排以及网络智能监控等技术，实现多地多中心的资源高效管理和编排；高性能低延迟的大数据 RDMA 网络，基于端到端的流量控制技术和人工智能网络参数训练算法，能够有效提升网络处理能力，充分发挥网络带宽；跨机构合作的数据安全协作网络，基于同态加密、模型无损参数融合等技术，能够实现纵向联邦学习、横向联邦学习、联邦迁移学习等多种场景需求。该研究构建的金融分布式数据网络架构，为金融云建设的升级转型以及数据合作的安全合规提供良好的理论基础支撑，充分满足了中国银联、微众银行等金融机构多数据中心建设和发展的需求。

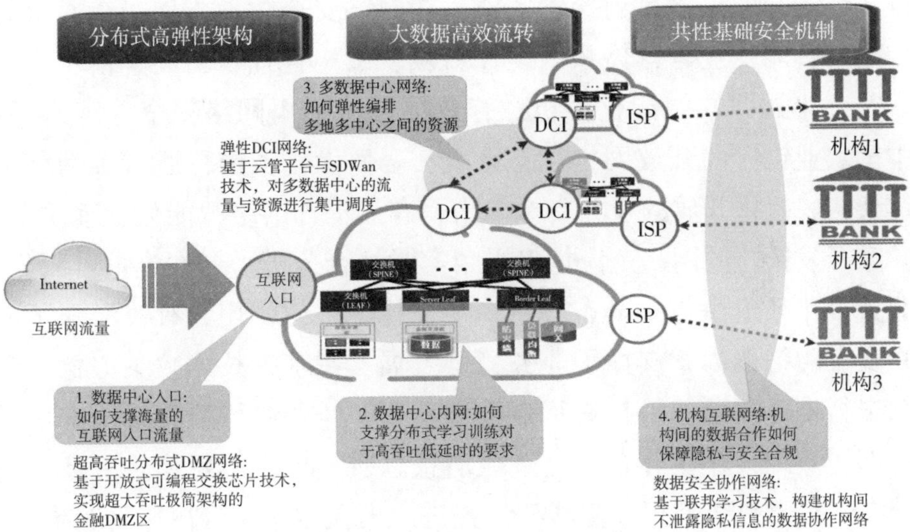

图 6-11　中国银联高性能金融分布式网络

该研究成果已经开始逐步应用，取得了较好的效果，主要体现在：基于可编程芯片的 DMZ 区网络边缘处理流量大幅提升且支持分布式扩展，优于国外厂商方案和软件方案。RDMA 大算力网络课题基于GPU虚拟化和RDMA加速算力提升一倍以上，可处理更多模型任务。多地多中心分布式弹性网络通过验证可提供统一服务化交付，并且对多数据中心资源和流量进行集中调度，显著提升多中心运维效率。跨机构合作的数据安全协作网络，在保险计价、小微企业信用分、新零售、智能巡检小车等领域均有合作应用，涵盖金融分析和智能决策场景，有效实现了在保障跨机构合作数据隐私安全情况下的数据合作。

第三节　小　结

为保障金融稳定安全，金融业不断强化网络安全保障体系建设，创新开展了一系列探索实践。在网络安全建设方面，交通银行构建的智能安全运营体系，设计新颖、架构合理、功能丰富，实现安全态势数据的智能化分析，有效提升了集团网络安全保障水平；中国农业银行的开放网络生态系统，全面优化了银行通道域网络整体架构，提供开放的业务支撑能力，有效提升网络智能化管理水平；国家开发银行的网络全流量多视角实时综合分析平台在流量可视化、业务全路径建模与安全态势感知中发挥出关键作用，有效增强了网络安全防护能力，支撑了业务稳健发展。在基础技术攻关方面，微众银行推动鲲鹏芯片在银行业中的使用，开展银行核心系统全栈运行部署实践，并在分布式金融级消息总线领域，创新建立了高可用分布式消息总线，相关实践架构先进、模式创新、可快速复制推广；中信银行基于云架构平台的信用卡核心系统项目，能够满足小到万级、大到十亿级发卡需要；中国银联在新一代超高性能安全可控的金融分布式数据网络架构研究成绩斐然，成果具有前瞻性、基础性和创新性，具备实际应用推广价值。

第七章　加强风险技防能力建设，保障金融体系稳健运行

随着我国经济发展进入新常态、国际环境日益复杂多变，新兴技术与金融业务融合愈加深入，银行在为客户提供“无时不在”金融服务的同时，也放大了信用风险、市场风险、操作风险等金融风险的外溢效应。金融网络犯罪手段日益多样且呈现高科技化、复杂化和隐蔽化的特征，传统的防范措施难以全面、有效、智能地防范金融风险，银行的风险管控体系面临着更加严峻的挑战。为此，银行机构不断加强金融风险新特征的研究和剖析，积极探索运用人工智能、大数据、知识图谱等技术手段创新防范化解金融风险的模式。通过构建智能化、敏捷化、网络化、立体式、全视角的风险防控体系，助力风险审查和决策，实现风险早识别、早预警、早处置，促进金融风险管控水平再上新台阶。同时，银行业注重提升科技运营支撑效能，完善研发、测试和运维体系建设，推动管理模式的优化与变革，进一步夯实金融体系稳健运行的基础。

第一节　打造全流程风控平台，提升风控智能化水平

随着新兴技术的不断发展和广泛应用，金融机构在早期预警、信贷审核和金融犯罪侦查等业务场景中深度融合人工智能技术。通过快速运用新模型和各种先进算法，深入挖掘数据价值，识别大数

据集内复杂的非线性关系，不断优化和完善模型预测能力，健全风险监测预警和早期干预机制。主动开展业务全链路监测，建立大数据分析能力，将智能风控嵌入业务全流程，大幅提升了风控决策水平。

一、聚力智能风险管控，强化风控技术支撑

人工智能、区块链、云计算和大数据等新兴技术推动了科技与金融的相互融合、相互渗透，加快了金融创新的步伐。日益丰富的场景化生态服务，在改变人们的生活方式、带来新机遇的同时，也对传统银行风险决策的时效性和风险控制的有效性提出了更高的要求。为提升风险感知的主动性和准确性，银行业积极推动风控领域逐步向智能化和数字化转型。

平安银行以实现风险管理精细化、提升对公信贷业务风险管控水平为目标，广泛汲取国内外同业成功经验，结合资源现状，构建和实施了智慧风控平台。该平台主要由对公信贷系统重构、智能决策、智能控制、智能放款、智能预警、智能管理、客户风险视图七大模块组成，使用平安银行基于 Spring Boot/Spring Cloud 技术栈的 Halo 基础开发平台进行开发。前端使用 Angular 框架，实现了前后端分离的微服务架构，运用 Spring Cloud 网关技术实现多路复用和异步 IO，运用 Eureka 注册中心管理后台各项应用微服务，并通过 Session 保持和消息群发，为业务服务提供可持续的技术支持。该平台通过将信贷流程文本颗粒化为 3 万多个数据标签，实现了贷前、贷中、贷后的全流程数据采集，以及风险决策、预警、控制管理的智能化嵌入；运用 OCR、NLP、知识图谱等人工智能技术，整合了内外部与线上线下数据；通过规则引擎和实时大数据决策引擎，实现了信贷风险模型训练、部署与优化的高效迭代，构建了自主学习机制，将机器学习模型与专家模型有机融合。

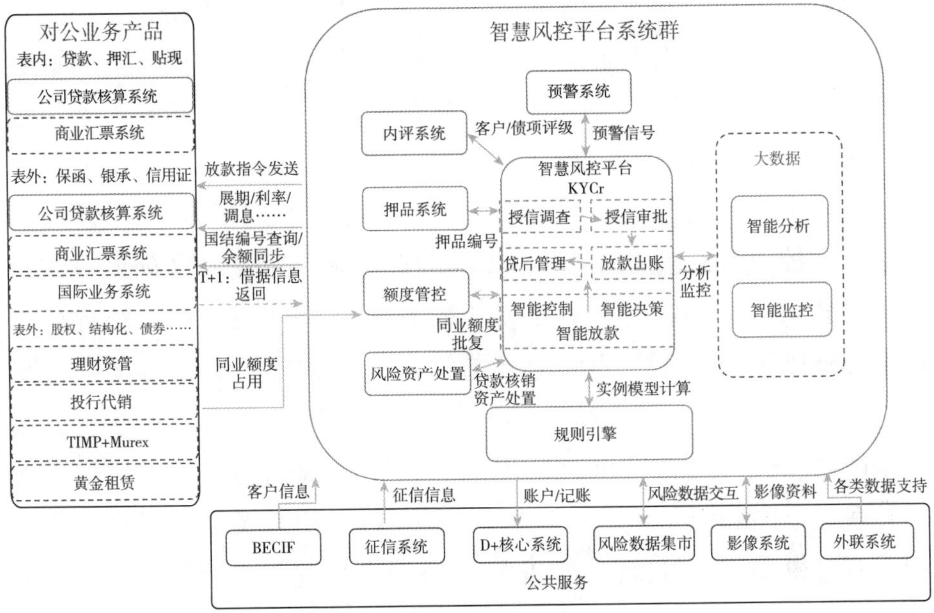

图 7-1　平安银行智慧风控平台

平安银行智慧风控平台致力于打造覆盖全产品、全流程的智能信贷风险管理平台，基于海量数据和丰富的标签体系，利用人工智能技术等科技赋能手段，不断提升风控模型精准度，持续监测多维度、多场景的风险指标，最大程度实现业务流程的自动化和标准化，实现提效率提效益、降成本降风险的目标。得益于该平台对风险的强化控制和重大企业风险的有效识别，近三年平安银行新发放贷款逾期率保持在万分之三以下，有效防范了重大企业信用风险和授信政策违规事件的发生，为降低银行业系统风险、保障社会金融稳定方面贡献了积极力量。同时，银行信贷资源的配置得到进一步优化，更多资源投入顺应国家经济结构转型和产业政策发展的领域，为先进制造业、战略性新兴产业、现代服务业和文化产业等提供了更大的资金支持，促进了实体经济与金融行业的协同发展。

为实现信贷业务的全流程风控和信贷客户的全方位管理，华夏银行以内外部数据融合为基础，通过人工智能、大数据、知识图谱等技术构建了基于人工智能的信贷风险管控平台。该平台由数据层、智能模型层、应用层组成，形成“数据+模型+应用”的一站式风控服务闭环，为风控人员搭建了便捷的测算环境；精准刻画了信贷客户的风险画像，通过数据可视化方式，立体地展现了客户风险情况；简化了风控流程，提高了金融业务风险识别和处置的准确性。该平台主要技术特点体现在：一是多层次数据建模体系，在传统评分卡模型和规则引擎的基础上，引入前沿的人工智能技术实现大数据价值挖掘，支持 Cart、TreeNet、GPS 等风控领域机器学习算法；二是知识图谱，通过融合行内外数据信息构建结构化关系数据，形成客户关联关系图和汇总报告，挖掘客户/企业的依赖关系，辅助信贷决策；三是模型自动更新，覆盖数据获取、数据预处理、特征工程、算法选择、模型构建、模型优化等过程，支持以天、小时甚至分钟级别进行自我学习、迭代与服务更新；四是高效的分布式集群架构，计算和存储功能分离，计算集群各节点逻辑相互独立，满足高并发处理，存储集群各节点多副本存储，保障数据安全；五是高速数据接口传输技术，提供高吞吐量发布和订阅服务，满足报文传输需求，为准确、实时地传输客户风险画像所需数据提供了有力支撑。

基于人工智能的信贷风险管控平台已在华夏银行风险管理、合规内控、反洗钱、反欺诈识别等业务领域得到广泛应用，实现了风险线索的快速捕获与智能量化管理，有效提升了风险决策的科学性和准确性；实现了贷前、贷中、贷后的全面风险把控，从多个环节防范业务风险，通过资源共享降低了协同成本和管理成本。

面向各层级运营风控人员，上海银行建设了运营风险智能管控平台，用于开展运营操作风险管控。该系统集事前预警、事后检查、监督等功能于一体，是上海银行全流程运营风控体系的重要依托。其主要技术特点体现在：一是多维度的数据接入，通过流数据与 Kaf-

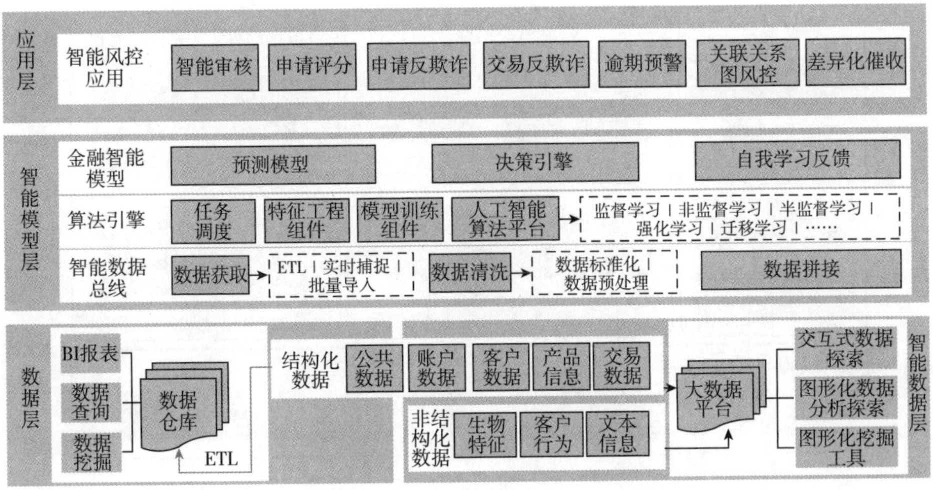

图 7-2　华夏银行基于人工智能的信贷风险管控平台

ka 技术接入柜面与核心系统准实时交易数据，并通过数据仓库全方位覆盖行内运营数据；二是基于流数据实时分析的异常监测，通过流数据实时采集核心和柜面交易数据，经规则引擎处理后进行准实时预警，并及时下发至网点进行协查；三是基于大数据规则引擎的客户准入，通过汇总预警规则跑批数据、反欺诈及业务导入的数据，实现自动化风险名单管理，严控客户业务准入；四是基于流程自动化的全线上、PC 和 Pad 端双渠道的运营检查；五是基于规则引擎和 OCR 技术的事后风险管控，根据系统预设的风控规则和模型从全行交易中发现可疑交易，采用 OCR 技术识别凭证信息，提升现有的后督审核流程工作效率。自系统投产以来，累计布设超过 300 个监控模型，全面覆盖账户、运营要素、资金等 16 大运营业务领域，累计达到 10 万条系统自动化名单规模，月均提示风险信息 600 余次，运营风险审核人员减少 50%、运营监督时效提高 50%、运营检查资料成本节约 90% 以上，实现了运营风控流程的全周期改造，运营风控能级得到全面提升。

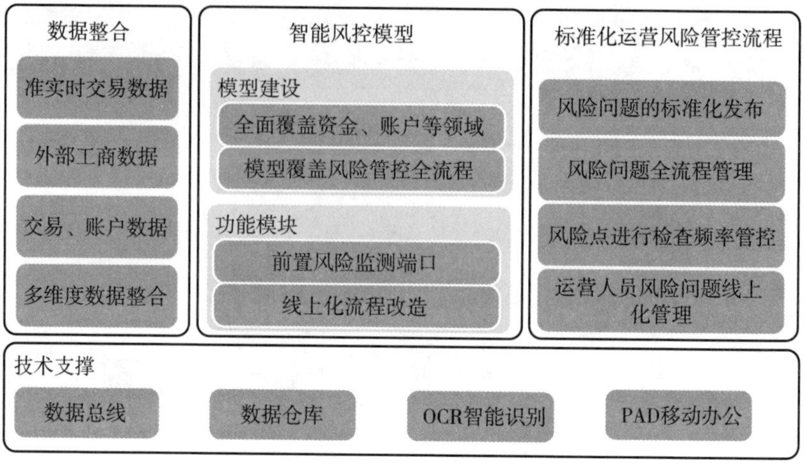

图 7-3 上海银行运营风险智能管控平台

二、加强全面风险监测，促进风控能力提升

在宏观经济增速回落，部分企业偿债能力明显下滑的背景之下，商业银行面临的内外部风险形势发生了一系列深刻变化：一是监管要求更加严格；二是外部环境更加复杂；三是经营转型更加迫切。为应对这些变化，银行业积极引入人工智能技术以提升风险识别与监测的能力。

为实现风险授信管理改革，持续完善全面风险管理体系建设，交通银行构建了基于人工智能技术的全面风险监测系统。该系统应用人工智能技术实现了对包括系统性风险、区域性风险、信用风险、市场与流动性风险、案件防控、操作和合规风险、交叉性风险在内的多种风险的监测和管理。该系统主要技术特点体现在：一是利用分布式技术搭建风险数据中台，对内外部数据进行深度融合，形成全行统一的风险数据集市，实现了风险监测体系的 One-Data、One-ID、One-Service 集中化统一服务；二是运用知识图谱技术，构建客户关系网络，利用实体归一化、关系抽取等知识构建技术，将公开的企业工商信息、涉诉信息、担保数据以及外购的其他数据源，与行内客户信息、流水等进行融合，构建企业的集团关系族谱；三是实现机器学习技术的全栈应用，在数据输入端利用自然语言处理（NLP）技术智能清洗加工数据，在数据加工端采用图计算得到客户社交关系的新特征，在数据应用端使用各种机器学习算法构建反洗钱、特殊名单、贷款逾期预测等模型；四是利用实时流技术，实现部分风险指标的实时计算、交易的实时监控和可疑交易的实时阻隔；五是建立创新应用数据实验室，快速实现风险规划，大幅缩短了各类风险排查数据准备的周期，降低了数据挖掘技术的使用门槛。

交通银行基于人工智能技术的全面风险监测系统运用大数据技术实现了行内外数据的深度融合，形成了客户关联关系知识图谱，建设了全集团风险数据应用生态，打造了覆盖全集团、嵌入业务全流程的统一风险监测体系。2019 年，通过识别、拦截风险客户，累计事前拒绝风险业务金额达到十多亿元，纳入灰黑名单上百亿元，提前减退十多亿元，全面风险管控水平显著提升。

招商银行全业务流实时监测与运营平台面向银行业主机、分布式、云、容器等异构网络计算环境，创新性地采用金融网络旁路报文解码与日志报文于一体的业务全链路数据生成和采集方案，根据不同的用户视角提供实时监控告警、业务性能指标分析、业务链路架构图、单笔链路追踪、用户旅程图、大屏展示等功能。该平台主要技术特点体现在：一是分布式的链路追踪技术，通过 Trace ID 与日志信息，构建全业务流调用链；二是高可用的大数据流数据处理框架，支持动态横向扩展，支持千万级别的并发 QPS（每秒查询率）；三是利用动态基线告警算法，计算告警基线与相关指标的告警阈值，可实现基于业务特征的告警算法调参；四是将后台应用调用流与业务流关联起来，实现单笔业务还原能力；五是利用类 SQL 启发式接口和模块化无编码前端，实现了无编码数据分析功能。

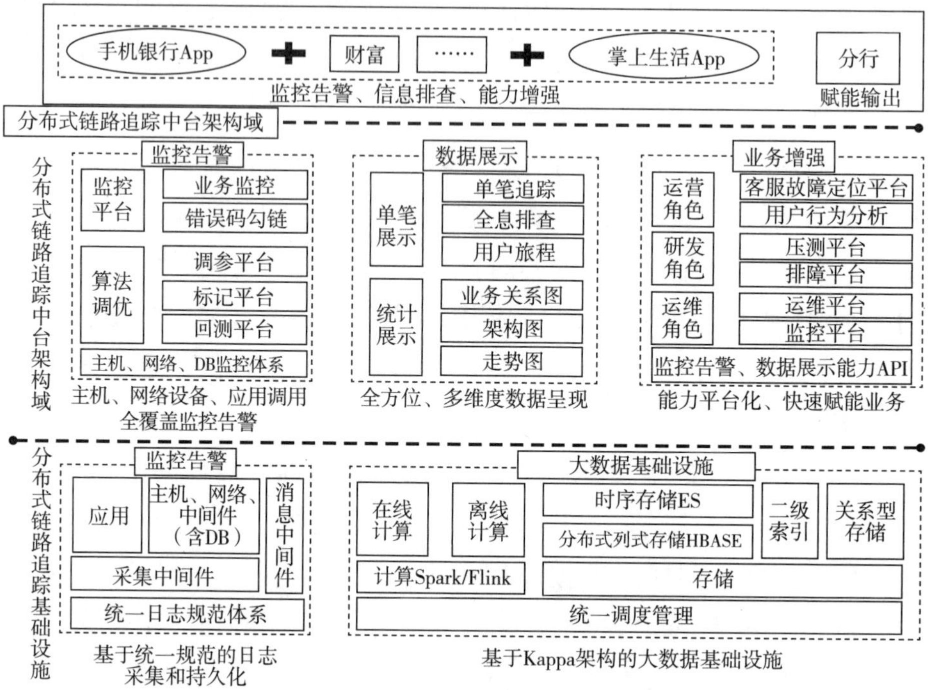

图 7-4　招商银行全业务流实时监测与运营平台

招商银行全业务流实时监测与运营平台具有全业务流实时感知、多维数据统计、动态基线告警、单笔业务还原能力，可灵活支撑多业务场景，提升业务营销效率、提升用户体验、提升科技工程效率、提高运维告警监测时效性与准确率，为金融业提供了借鉴案例。随着平台的落地，截至 2019 年末，招商银行核心账务系统整体可用性达到 99.999755%，监控排障效率提升 5 倍，有效告警发现率提升 13.56 倍，架构风险与隐患发现时间从周级缩短到分钟级；为日均处理交易金额超过 1500 亿元的资产托管业务系统全年零故障保驾护航；在系统可用性、科技效率、风控、用户体验、业务增长和营销等方面创造了极大的经济效益。

第二节　创新风险防控模式，构建一体化防控体系

随着银行风控数字化运营的深入开展，风险职能部门逐渐承担起无缝、无偏见风险决策和全面组织监控的设计工作，各机构通过优化风险防控流程、合理构建动态风险计量评分体系、制定分级分类风控规则等手段，降低风控运营成本，有效防范欺诈风险。同时，打破内外部壁垒，加强银行内部机构间、银行与外部机构间的协作配合，共同改善客户旅程和产品价值主张，实现风险内外部一体化联防联控，切实保障了银行整体风控战略的贯彻实施。

一、优化风险防控流程，有效防范欺诈风险

近年来，国内外反洗钱形势日益复杂，“强监管、重处罚、严问责”已成为监管常态，中国工商银行积极践行 FATF 国际反洗钱标准，依托强大的金融科技实力及深耕多年反洗钱领域专家的经验，建成了集“数字化、智能化、开放化”于一身、覆盖反洗钱工作全流程、具备完全自主知识产权的反洗钱智能及开放服务系统。该系统主要特点体现在：一是建成覆盖历史交易数据的资金流向知识图谱，实现万亿级点、边的资金流向网络，并按交易发生的先后时序保存各时点切片，有效提升洗钱风险的监测精准度；二是建立“专家+智能+网络”三位一体的精准监控体系，支持“风险驱动”的客户分类，构建了全场景、全维度指标体系，部署了“多层筛网”式智能防控模型；三是以客户为维度，进行跨产品（不同金融产品间）、跨渠道（线上、线下）、跨国界（对内资金交易往来、跨境资金往来）的一体化的反洗钱风险监控；四是通过云模式，搭建反洗钱金融生态，提供全流程全功能反洗钱服务，向行业推广。

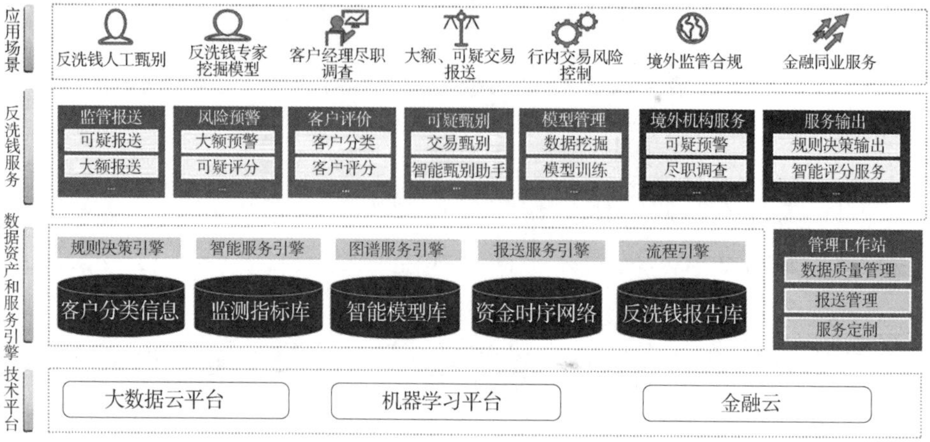

图 7-5　工商银行全球反洗钱智能及开放服务系统

中国工商银行全球反洗钱智能及开放服务系统积极与国际对标，严格落实国家金融管控要求，切实提高了反洗钱工作的合规性和有效性。系统覆盖反洗钱工作全流程，持续为金融同业客户提供反洗钱服务并全面“赋能”。截至 2019 年末，境内外共建成 343 个反洗钱监控指标和 404 个监测模型，覆盖工商银行全量客户和全量交易，有效打击了上游金融犯罪活动，减少了非法所得的藏匿和转移，保护了所在国家和地区居民的合法权益。

银联网络承担着服务上千家境内外成员机构的重任，为帮助成员机构预警和拦截层出不穷的欺诈风险和不断翻新的欺诈手段，中国银联建立了一整套高性能、高可管理、高可用、高可扩展、高灵活且具有高评分准确率的事中实时交易智能风险评分系统，填补了境内产业空白。该系统主要特点体现在：一是基于大数据分析的结果，即对银联海量的交易数据，以及银联独有的全银行欺诈交易数据，经过多个维度分析，形成与欺诈相关的档案和特征库；二是精准的预测模型，能将多维有效变量参与运算，运用监督学习算法训练出的模型进行预测，准确率较传统的规则判断实现量的突破；三是实时的系统服务，通过对接核心转接交易系统，能在不降低转接交易系统处理性能的前提下，对银行提供实时连续性的风险增值服务；四是定量的呈现方式，即通过评分数值，以量化方式提示发生风险的概率，帮助银行对交易风险进行更加精细化的管理。

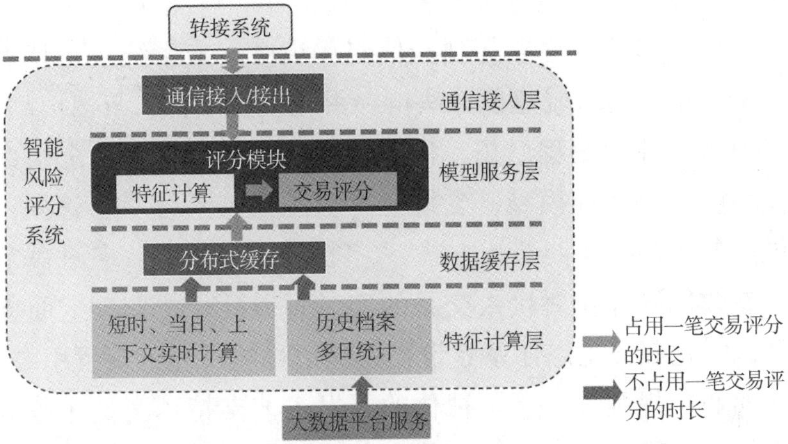

图 7-6　银联网络交易智能风险评分系统

银联网络交易智能风险评分系统在银行卡跨行交易处理环节将风险情况实时地以量化分值的形式告知发卡银行，帮助其判断并拦截风险交易，有力打击了银行卡欺诈行为，保障了持卡人用卡安全。计量评分产品已正式服务多家全国性商业银行。通过交易拦截、账户冻结等操作避免了当笔交易的损失和继续发生欺诈的可能，截至 2019 年末，已帮助客户避免损失金额至少百万元级/年。

二、打破内外部数据壁垒，实现风险联防联控

为积极落实国家发展战略，助力全球企业拓展“一带一路”新市场，防范金融风险，加快银行向“轻资本”转型，有效解决银行风险缓释管理中面临的“假押、脱押、空押、虚高、减值”等普遍性问题，加强对价值评估、现场核查、外部合作机构管理、权证管理等管理薄弱环节的风险管控，中国银行开发建设了全球缓释管理系统。

该系统构建了中国银行全集团统一的信用风险缓释管理平台，实现了集团层面全客户、全授信产品、全缓释工具类型、缓释全生命周期的在线服务以及分地区、分银行的差异化管理。将传统意义上的缓释事后信息管理转变为事前、事中、事后全流程风险管控，使缓释管理全方位参与到授信流程当中。该系统主要特点体现在：一是采用面向领域建模方法论、雪花模型结构、归档模型结构、状态机模型设计及编程思想，构建缓释信息管理模型、全生命周期管理及额度生效管控模型，支持业务全流程跨系统联动管控；二是通过微服务架构、集群部署方式、“多机构、多时区、多语言”处理能力、参数化设计及对接入交易的实时直通处理机制，全面支持风险缓释国际化服务生态体系建设；三是通过组件化的流程引擎服务、配置化的业务规则设置、可视化的开发工艺支持，满足业务流程的快速上线，并通过 MPP（大规模并行处理）大数据及图数据库技术实现担保圈拓扑视图的智能展现。

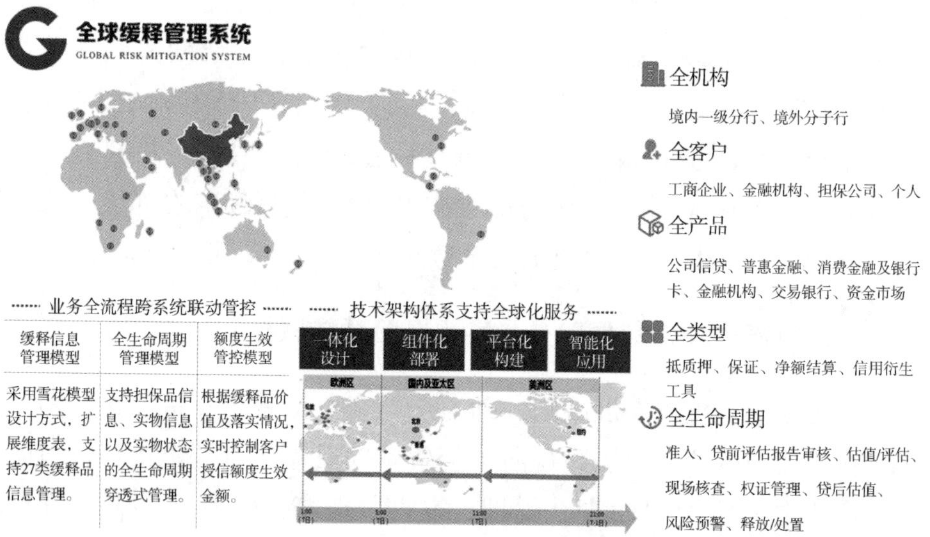

图 7–7　中国银行全球缓释管理系统

中国银行全球缓释管理系统解决了中行境内外风险缓释管理体

系管理标准、风险监控及信息基础不统一的问题，截至 2019 年末，已覆盖中行 92 家境内外分支机构，支持全球客户业务开展，有效节约风险管理成本，降低授信风险隐患和损失，不断提升全球业务管理和服务客户水平。

中国金融认证中心结合中国人民银行营业管理部个人征信线上授权有效性解决方案，推出了电子证据保全及司法服务平台。该平台主要包括机构管理、证据采集、证据传输、证据管理、取证申请、在线诉讼服务等功能，支持全业务流程的电子证据保全，保证了银行在业务办理过程中电子证据数据的完整性、有效性和原始性，提升了银行证据和诉讼材料的准备效率，以及司法审判机构针对涉案业务事实了解和证据认定效率。该平台以接口方式为各类业务系统提供数据保全服务，满足不同渠道、不同业务的证据保全需求；使用国产密码技术进行加密运算和签名固化，实现了电子数据向电子证据的转化；利用第三方保全方式记录事实，减轻了业务方在证据举证过程中的繁重工作，消除了交易业务的法律风险，加强了电子数据在案件审理中的司法力度。

电子证据保全及司法服务平台自上线以来，共在 15 家银行和 20 家非银行金融机构进行推广并成功落地应用，推动了金融机构征信电子授权合法合规的进程，满足了金融机构全渠道和业务的存证、保全需求，形成了电子证据保全信息安全体系、证据数据保密体系以及证据防篡改和不可否认体系，有效促进了金融机构线上信贷业务健康发展。

第三节 完善科技运营体系，提升科技支撑效能

当前，科技创新领域进入空前的活跃期，为适应业务需求的快速发展和新技术的迭代更新与应用，各金融机构加快完善 IT 运营体系，全面

图 7-8　中国金融认证中心电子证据保全及司法服务平台

提升信息科技全流程质量管理和风险防控能力。为实现科技运营与技术创新趋势相匹配，银行业不断增强测试、运维等环节的自动化和智能化水平，进一步保障了系统安全稳定运行，提升了信息科技支撑效能。

一、健全质量管理机制，助力科技风险防范

信息科技外包作为银行科技能力的重要补充，为进一步提高其服务水平，中国光大银行基于当前科技外包管理现状，借鉴国内外

先进量化管理理论，研究形成了基于数据驱动的精准化外包量化管理体系，并开展了相关应用实践。该体系涵盖了管理体系数据化、指标度量数字化、度量数据高精化、指标基准标杆化、运营管理精准化等方面的内容，其技术特点主要体现在：一是实现科技外包管理全流程电子化，构建外包全流程管控平台和工具，积累14大类50小类外包管理数据，形成科技外包全流程数据资源池；二是建立完整的科技外包量化指标体系，提出了外包服务评估和外包风险监控两个量化管理模型，形成53个场景化度量指标，并持续优化数据的质量和精度；三是形成数字化的科技外包量化管理机制，以量化指标体系为依托，利用大数据技术形成27类180余种风险分析场景，建立外包服务商和外包人员的差异化策略和个性化画像，实现外包服务的精准化管控。

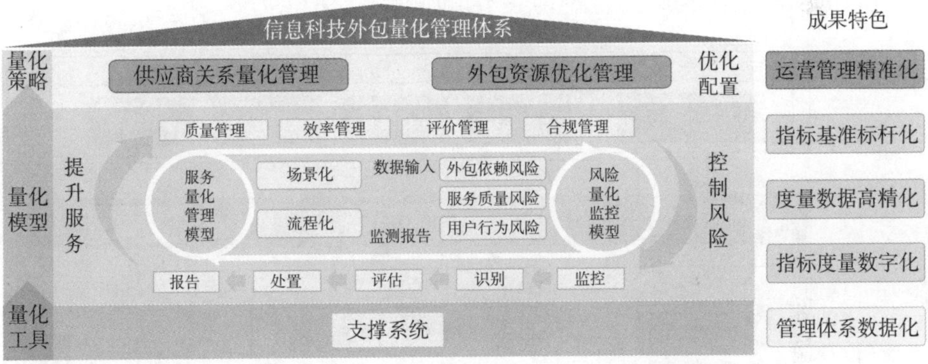

图7-9　中国光大银行信息科技外包量化管理体系

中国光大银行信息科技外包量化管理研究成果呈现了从全流程电子化管理到量化管理，再到“量化+”管理的三阶段能力进阶图谱，已在科技外包管理工作中应用与实践，并取得显著效果，实现了科技外包的全流程数字化管控，建立了用数据说话的管理模式，极大提升了外包服务质效，规范了外包服务行为，形成了具有中国光大银行特色的科技外包量化管理体系。

为提高测试案例准备工作的效率、规范测试分析过程、提高测试覆盖度，有效防范功能测试风险，上海浦东发展银行构建了基于测试分析建模的案例自动化生成系统。该系统聚焦解决测试分析与案例编写过程中“案例编写效率低、应对变化能力不足、测试分析规范性差、测试案例难以复用、测试针对性不足”等问题。主要技术特点体现在：一是采用基于操作流程图和业务规则分析的快速建模，对交易事务功能的操作界面进行梳理，定义操作步骤和业务规则的逻辑关系，在完成测试需求梳理的同时实现测试分析快速建模；二是支持多类型测试案例的生成引擎，根据测试分析建模结果生成正案例、反案例和界面检查案例；三是通过建立管理基线，有效保证业务规则和操作流程图的正确性，实现业务规则与流程图的复用；四是使用案例自动化生成技术，精准定位业务影响范围，快速完成案例设计工作，形成快速响应变化的测试交付能力。

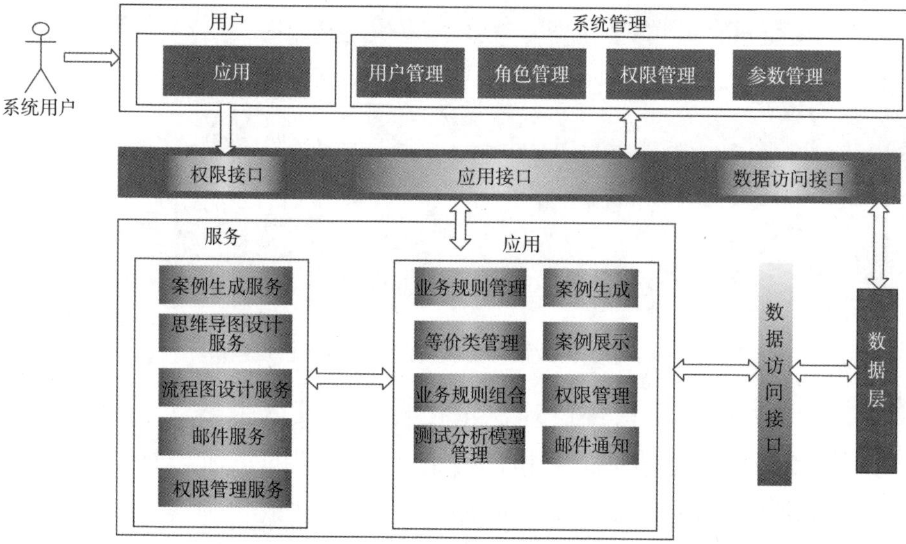

图 7–10　浦发银行基于测试分析建模的案例自动化生成系统

基于测试分析建模的案例自动化生成系统自上线后，运行稳定、应用效果良好。截至 2019 年末，测试案例自动化生成技术推广至包括“集中代收付系统 UAT 测试（用户验收测试）”在内的 98 个测试项目，涉及 71 个应用系统，累计创建测试分析模型 6722 个，自动生成测试案例 61022 条，新建业务系统案例准备效率提升 25%、存量业务系统变更案例准备效率提升 33%。

中国金融认证中心以国际质量模型为基础、系统工程思想为依托、国家政策行业规范为指导，研发构建了涵盖功能、性能、兼容性、稳定性、安全隐私等测试关注点的移动端软件一体化质量检测平台。该平台采用 B/S 架构，通过浏览器登录，可远程控制连接在服务器端的移动设备，进行移动端软件的安装卸载及远程测试。针对金融行业移动客户端软件场景复杂、自动化测试难的特点，实现了基于模型的全场景全自动化检测。针对有人工干预需求的测试场景，如生物活体检测等，设计了分段式测试模型，实现了自动化测试过程灵活可控，按需切割，启停自如。同时，创新性地提出了一

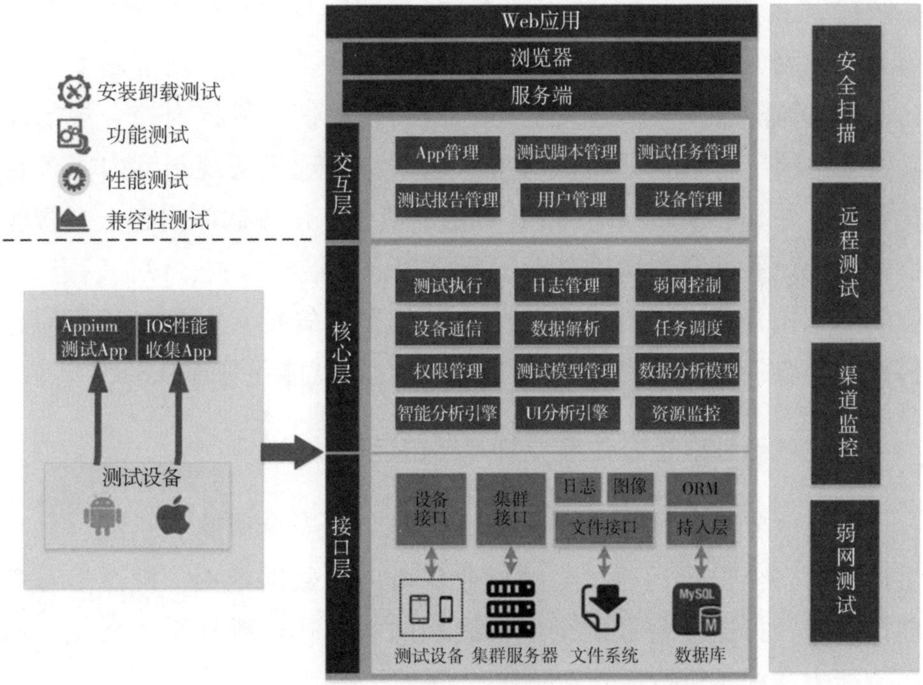

图 7-11　中国金融认证中心移动端软件一体化质量保障方案

种基于AI图像识别和比对技术的自动化测试框架，有效解决了金融移动客户端随机密码键盘、密码控件、二维码扫描、多客户端互动等场景自动化测试难的痛点。

移动端软件一体化质量检测平台自上线推广以来，已经为中国农业银行、中国银行、浦发银行、北京银行、长沙银行、安徽农村信用社联合社等十余家银行和金融机构提供检测服务，有效提高了金融机构移动客户端软件的测试质量和测试效率，降低了测试成本。

国家开发银行信息科技内控合规与风险管理系统立足于“补短板、防风险、更好服务国家战略重点”重要工作，以“信息赋能内控合规、科技引领风险管理”为目标，针对信息科技内控合规与风险管理工作中“知规查规难、落地实施难、跟踪掌控难”的三大难题，通过“打通工作关联，形成工作闭环”构建整体工作体系。该系统建立了外部法规与内部制度、法规制度与控制要点、控制要点与方案计划、检查评估与整改跟踪四类关联关系，实现了制度全生命周期和风险全流程双闭环管理，全面覆盖信息科技内控合规与风险管理各项工作。自系统上线推广以来，实现了法规制度内容条目化管理，并基于模糊匹配和PR算法，实现了法规制度内容全文智能检索查询。通过制度建设全电子化流程，可指导检查、评估、审计、监测的工作开展，实现了风险整改过程跟踪管控，大幅提升了信息科技内控合规与风险管理一体化、自动化、智能化管理水平。

二、创新智能运维体系，筑牢系统运行防线

为有效应对系统运维面临的日益复杂的安全威胁和挑战，保障生产系统安全稳定运行，金融行业积极应用数据挖掘、机器学习等前沿技术，打造覆盖系统全生命周期的一体化运维体系，强化主动防御能力，构筑科技运营新防线。

中国人民银行支付清算系统作为我国重要的金融基础设施和资

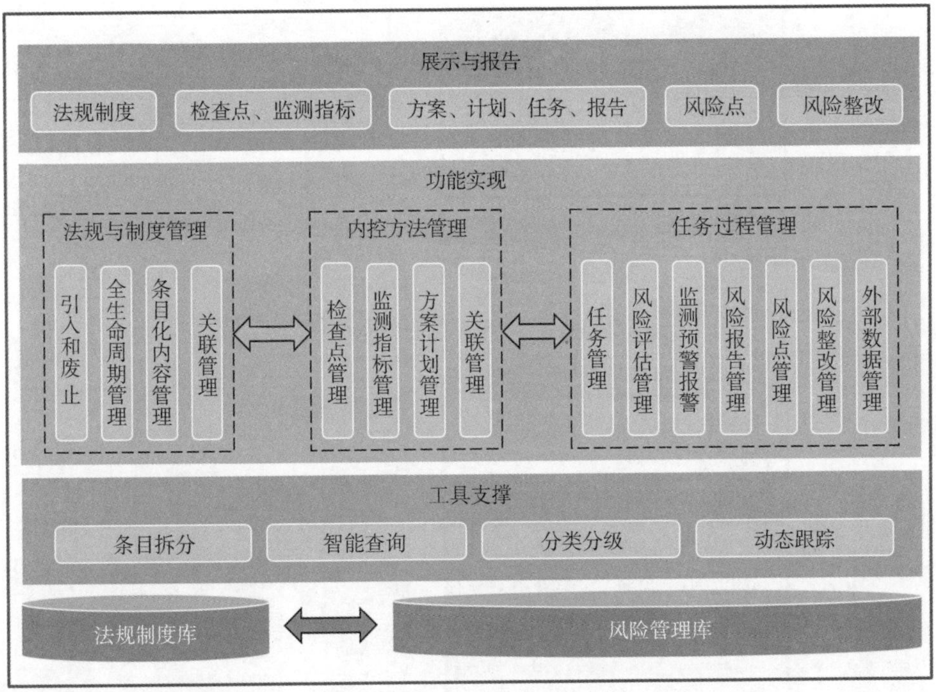

图 7-12 国家开发银行信息科技内控合规与风险管理系统

金清算枢纽，是社会资金流动的大动脉，对中国人民银行履行支付清算服务职能、提高社会资源配置效率、促进国民经济健康平稳发展具有重要意义。为保障系统的稳定运行，提升日常运维效率，中国人民银行清算总中心积极开展支付系统一体化运维平台建设工作。该平台主要特点体现在：一是采用面向服务的架构设计理念，自主设计通用代理、流程引擎，提供操作指令、多节点安装配置、跨平台部署等基础性服务；二是采用智能化的事件监控与操作控制，实现各系统间的协同工作；三是采用可配置的监控流程，实现数据中心、计算节点、IT 资源、应用系统的一体化管理，有效提升了运维服务效率；四是采用动态路由机制和交易处理中心与监控中心分离的管理模式，实现系统的透明切换与应用接管，提高了业务连续保障水平。

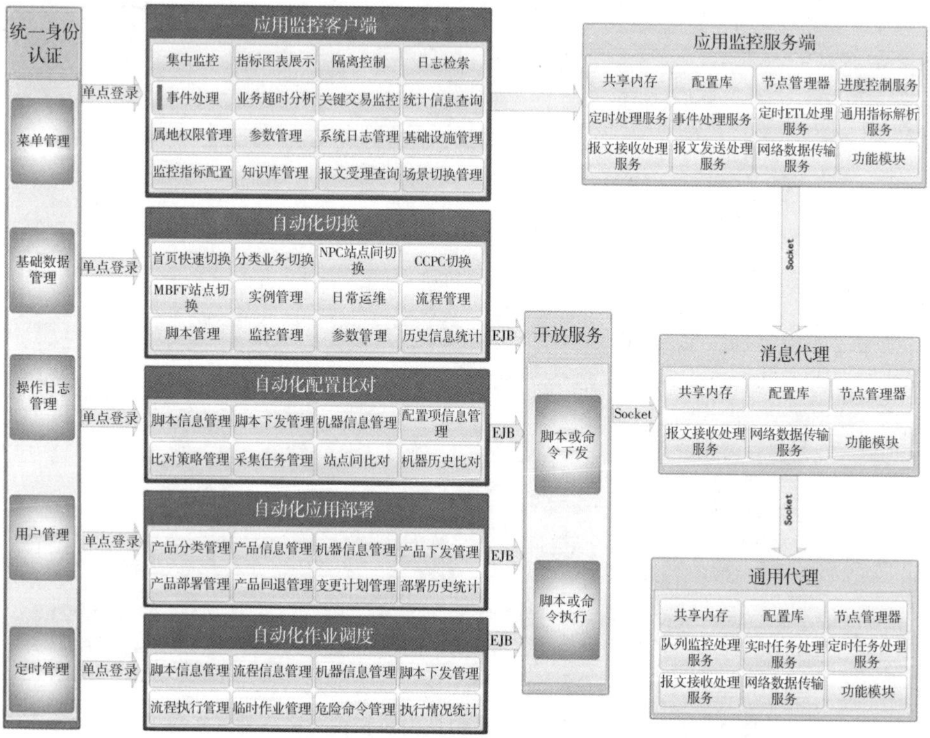

图 7-13 中国人民银行清算总中心支付系统一体化运维平台

支付系统一体化运维平台采用先试点、再推广的分阶段实施方式，实现了支付清算系统 3 个国家处理中心、32 个城市处理中心及全国 380 余家直连参与机构前置系统的集中接入。平台上线后，有效提升了支付清算系统的运维效率，日常软件升级时间从原来的约 30 分钟/台减少到小于 3 分钟/台，并可在 10 分钟内完成站点间共计 260 余万项系统配置的比对，系统站点间切换也缩短至分钟级。

中国外汇交易中心建设的数据链路智能分析与监控系统，实现了交易系统内部数据流的自动发现和梳理、数据链路跟踪、系统性能指标的实时分析和异常预警，提高了故障定位时效，有效提升了交易中心运维自动化、精细化和智能化水平。该系统技术特点主要体现在：一是采取交换机镜像、分光、虚拟机内部流量采集等多种旁路流量采集技术，获取完整、可靠的数据源；二是实现对业务系统无影响的多层次数据分析与监控，无须在交易系统中增加任何用于监控的代码；三是将机器学习与元数据平台和配置管理数据库（CMDB）结合，智能获取运维基础数据，并可根据系统运行情况动态调整路径；四是结合自主研发组件及大数据分析技术，通过故障分析场景插件化，充分挖掘运维和业务价值。

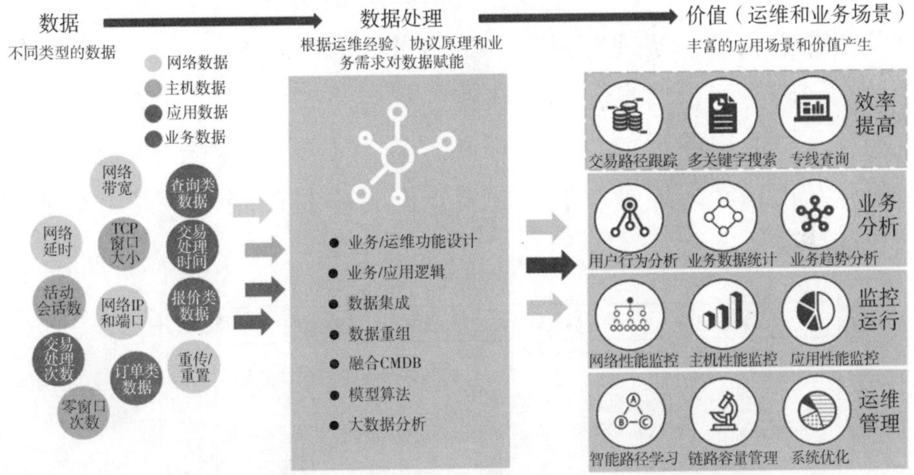

图 7-14　中国外汇交易中心数据链路智能分析与监控系统

该系统已覆盖中国外汇交易中心新一代本币交易系统中包括 TCP 单播和 UDP 组播在内的数据链路，通过对新一代本币系统的交易报文进行解码，在网络层和应用层对各种性能指标参数和业务数据进行多层次分析，提供了包括数据链路智能发现、数据链路跟踪、网络/主机/应用性能分析和监控、业务指标采集统计、用户行为分析、异常快速告警等多项功能，对中国外汇交易中心系统运维工作自动化、精细化和智能化水平的提升起到了巨大的推动作用。

立足于 AIOps 智能运维设计理念，中国光大银行独立设计和开发了基于机器学习的智能化容量管理平台，构建了各专业领域资源的容量指标体系。该平台利用多源数据采集架构实现基础数据自动采集，通过机器学习算法构建资源中长期预测预警模型，实现了各类容量资源动态、联动、全貌的智能化预测预警，大幅提高容量管理质量和管理能力，提升了运行风险防控水平。其主要技术特点体现在：一是具有丰富的指标数据库，通过建立指标关联关系，针对各大领域容量指标实现全面纳管，构建了多维度、多层次、一体化指标体系；二是利用业务指标及各领域指标历史资源数据，结合EX-ARIMA、MIC及随机森林等多种机器学习模型智能化预测交易量趋势及资源饱和点，实现容量资源的智能化预测预警；三是多系统联动感知，破解容量信息孤岛，在业务场景下交易突增时实现预警信息前移，以便提前采取措施，规避容量生产事件发生；四是容量成本优化，识别冗余配置、低效配置、配置不足的资源，提出裁剪和优化的建议。

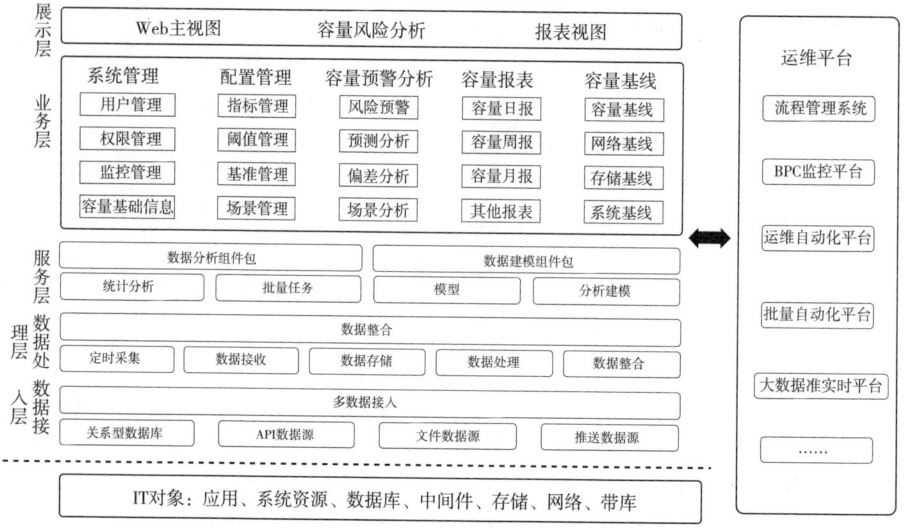

图 7-15　中国光大银行基于机器学习的智能化容量管理平台

截至2019年末，基于机器学习的智能化容量管理平台已纳入应用、系统资源、数据库、存储、网络、中间件六大领域基础指标及加工指标上千个，成功对2019年“双11”“双12”等特殊业务场景下关联系统服务资源紧张及信用卡系统交易量将破峰值的情况进行了预测，并按照预测结果提前实施了扩容服务，保障了业务正常平稳有序运行。

第四节　小　结

在新一轮科技革命和产业变革的背景下，银行业聚焦金融风险的新特点和新趋势，不断创新实践技术应用和流程优化，完善风险防控机制，夯实科技运营基础支撑，保障金融体系稳健运行。在风控智能化建设方面，平安银行、交通银行等机构充分运用人工智能、大数据、知识图谱等科技赋能手段构建智慧风控平台，加强业务全链路监测，精准刻画客户风险特征，有效甄别高风险交易，持续提高风险识别的前瞻性和处置的准确性，使风控能力更高效更智能。在风控体系构建方面，工商银行、中国银行等机构从传统的事后信息管理向贯穿事前、事中、事后全流程风险管控转变，构建一体化的风险防控体系，提升跨市场、跨业态、跨区域金融风险识别、预警和处置能力，大大增强风险管理的有效性，实现了风险的联防联控。在科技运营管理方面，光大银行等机构借鉴先进的量化管理理论和科学的建模手段，实现了更为有效的质量管理和流程整合；中国人民银行清算总中心等机构应用新技术建立一体化的智能运维管控体系，实现了智能化的资源监控、切换、配置和部署能力，提高了系统运维效率和精细化管理水平。

第八章　推动现金制造产业升级，实现货币综合质量提升

在当今国内外环境发生深刻复杂变化的形势下，作为人民币的设计者、制造者和维护者，中国印钞造币总公司肩负着“为国造币、为民服务”的崇高使命，始终坚持为央行履职服务的核心定位，聚焦现金制造业务，立足科技创新与高质量发展理念。通过科学高效组织生产，持续优化生产工艺，加强装备运行保障，提升信息化智能化水平，有效提高生产应变能力和生产柔性化水平，持续做精做优人民币现金制造业务。实现产品质量稳步提升，各种防伪技术得到稳定应用，关键技术取得突破性进展，全面提升人民币现金制造能力和技术水平。优质高效完成年度生产任务及新产品开发，为国家货币发行和金融稳定作出了重大贡献。

第一节　立足科技自主创新，强化关键环节管控

为全面提升服务央行履职效能，中国印钞造币总公司围绕现金制造核心业务范围，紧扣高质量发展主线，坚持科技创新引领发展战略。不断完善科技创新体系，持续提高研发与创新能力，专注产品质量把控与开发流程优化，全面构建以产品为中心的研发体系。在专属特种印刷设备、印刷材料和产品设计开发等领域取得了一系列成果。

一、注重工艺技术研发，实现产品优化升级

随着人民币国际地位的不断提升，作为国家法定流通货币，其整洁度和流通寿命日益为世人所关注，直接关系到人民币作为“国家名片”的尊严和声誉，是彰显中国国际形象的重要方式。为全面提升我国钞券持久抗脏污性，延长流通寿命，中国印钞造币总公司历时三年，艰苦攻关，创新印后双面涂布工艺，先后研发出CA2纸钞涂布UV光油和单张纸双面涂布印刷机等多项技术成果。并成功应用于2019年版第五套人民币、人民币发行70周年纪念钞等产品。

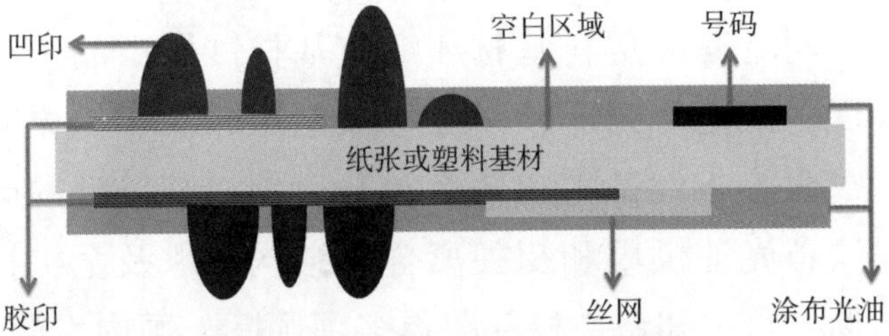

图 8-1 光油涂布后截面示意图

涂层材料是实现印后涂布工艺的核心关键，中国印钞造币总公司对标国际一流产品技术，历经上百次试验，研发了具有自主知识产权的高抗污性CA2纸钞涂布UV光油，获得多项发明专利授权。CA2纸钞涂布UV光油采用紫外固化方式，成分几乎完全参与固化成膜，瞬时干燥，且印刷后的保护涂层具有良好的透明性、哑光特性、出色的附着力和柔韧度。在自然光和紫外光下不影响钞票的视觉效果，对雕刻凹印油墨效果、油墨颜色、光变油墨、红外、荧光和磁性油墨等防伪特性也没有影响，满足了钞票在流通过程中的各项物理和化学耐性要求。符合印后单张纸双面涂布印刷工艺要求，印刷适性稳定，印品质量符合2019年版第五套人民币技术质量标准要求。

单张纸双面涂布印刷机由中国印钞造币总公司自主设计研发和

图 8-2　人民币发行 70 周年纪念钞上的防水效果

生产制造。可同时适应塑料基材和纸质基材钞票产品的涂布印刷工艺需求，实现一次走纸完成钞票正背双面涂布。相比原有进口单面涂布设备，双面涂布设备生产效率提升一倍。其关键的印刷机滚筒排列结构、涂布光油供墨和相关离合压结构，以及全机控制系统等核心技术，拥有自主知识产权并获得多项国际、国内发明专利。经 6 家印钞公司生产验证，该印刷机质量稳定可靠，产品功能和性能方面满足生产要求，受到了各方的广泛好评。

图 8-3　单张纸双面涂布印刷机

上述成果的成功研制与应用，为我国实现人民币印后涂布工艺关键技术升级提供了技术保障，对人民币钞票保护效果显著。极大地提高了钞票耐磨损性能和抗脏污性能的持久性，整体提升了人民币钞票在流通过程中的整洁程度和流通寿命。同时上述成果填补了我国印刷行业在印后双面涂布工艺方面的空白，为将来在该领域进行技术创新突破奠定了坚实的基础。

二、秉承整体设计理念，不断追求卓越品质

中国印钞造币总公司秉承“品质源于设计”理念，围绕产品品质需求，从设计开发之初就充分考虑最终产品质量。在图纹设计、工艺路线设定、防伪技术应用、生产物料选择等各方面进行深入研究，对各环节进行充分的优化和验证。实施质量控制点前移，强化源头管控，控制生产环节全过程，从而全面提升产品的艺术美感、防伪性能和印刷质量。

为庆祝中国载人航天工程取得的伟大成就，展示中华民族实现中国梦的决心和信心，中国人民银行发行了“中国航天普通纪念币”。该纪念币采用产品图稿、浮雕、规格、材质和防伪技术的一体化设计。通过对产品图稿的反复推敲修改，保证产品设计精美；通过对制作工艺进行合理设计、批量验证和反复确认，保证产品制作精良；通过采取有效的产品质量控制措施和风险防控办法，保证产品质量优质上乘；通过对产品防伪功能进行严谨、充分的论证和试验检验，保证产品综合防伪能力达标。

该纪念币在产品图稿转化为浮雕过程中，采用了数字化设计制作技术，实现了对浮雕高度的精准控制，细腻地表现了硬币主题，将硬币艺术与技术完美结合在一起，具有极高的艺术价值。中国航天之梦，通过纪念币这种大众熟悉的方式呈现、传达，既彰显中国文化的深厚底蕴及航天科技发展的辉煌成就，也展示出中国印

钞造币产品创新与高品质的独特魅力。产品防伪技术应用方面，实现了双金属结构、复合材料、隐形雕刻、微缩文字、边部斜全齿间隔半齿五项防伪技术的集成应用。其中产品内芯选取我国自主研发、具有独特机读特性的镍网复合材料，体现了该产品的材质先进性。同时与黄铜合金搭配形成双金属结构，颜色搭配精美，电耦腐蚀风险小，进一步体现了我国复合材料应用的水平和能力。最终中国航天普通纪念币实现了产品防伪特征明显、公众易于识别的目标，具有显著的社会效益和经济效益。

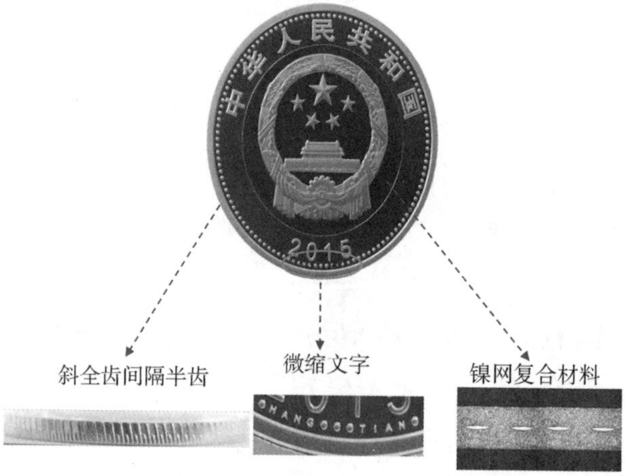

图 8-4　硬币防伪技术展示

为庆祝中国银行在港机构成立 100 周年，展现植根于斯、服务于斯的百年成长历程，表达维护香港经济繁荣稳定、共建香港美好未来的殷切期盼。中国银行（香港）有限公司发行中银香港纪念钞，并由中国印钞造币总公司承担研制开发任务。最终凭借精准的工艺设计、科学的过程管控以及对防伪技术集成化应用的深入研究，实现了对印版、油墨、纸张（含安全线）等多项防伪技术的充分运用，提升了中银香港纪念钞的综合防伪能力，用国际先进水平的产品交出了一份“完美答卷”。中国印钞造币总公司不仅圆满完成设计开发任务，还首次实现向香港印钞有限公司全方位供应印版、油墨、纸张（含安全线）的目标，取得历史性突破。

正面

背面

图 8-5 中银（香港）百年纪念钞

该纪念钞原印版制作通过 DLE（Direct Laser Engraving）激光直接雕刻制版工艺，实现了深凹印和浅凹印的结合，采用大面积抖动点和微元素，实现了胶印凹印零对零，提高了伪造的难度。油墨采用了新型 JB3 型胶印油墨和 WF1 型凹印油墨，实现了新型防伪材料 BlueMark 在纸张上的成功应用。纸张采用新型表面施胶工艺，提高了印品耐机洗、耐皱折、耐摩擦指标，特别在 90 度耐机洗指标上有明显提升，对于提高钞票耐流通性能具有积极的作用。将全新光学结构色技术（ColorDance）特征与蒸镀光变技术（ColorShift）特征有机结合，形成独特而显著的一线防伪特征，首次实现两种防伪技术在钞票上的融合应用。中银香港纪念钞设计精美、防伪突出、综合质量水平高，发行后社会反响好，成为中国印钞造币总公司与香港印钞有限公司全面深化交流与合作的一项标志性成果，提升了中钞品牌在国际国内的认知度、影响力。

图 8-6 新型硬币彩印生产线

在提升纪念钞产品的同时，纪念硬币制造工艺的自主创新也在不断加强。中国印钞造币总公司通过多年深入的研究与开发，整合机器视觉与数字打印等创新技术，实现了高速彩色普通纪念币制作工艺，建立起新型硬币彩印自动化生产线。该工艺稳定、可靠，适用于常见硬币材质的表面彩印，彩印成品定位精度良好、图案清晰、色彩表现力良好。既丰富了彩色普通纪念币的艺术表现形式，有效提升其设计题材所赋予的深层次文化内涵；又增强了普通纪念币的艺术和视觉表现力，提高普通纪念币的收藏价值。实现了生产过程中普通纪念币表面高精度定位、高速四色套印及彩印质量检测功能，形成了对传统造币工艺的有益补充和创新。在“玫瑰粉色铜合金锦鸡精制铜章”“黄铜锦鸡精制铜章”“黄铜生肖狗普制铜章”等多项产品中成功应用，提升了产品的艺术效果。

第二节 探索前沿防伪科技，加速智能制造转型

为加快实现关键核心防伪技术突破，增强货币综合防伪性能，夯实人民币公信力，为新一代人民币需求做好技术储备。中国印钞造币总公司结合国际货币防伪技术发展趋势，以科技创新作为核心推动力，坚持防伪技术与装备的能力提升。抢抓新一轮科技革命和产业变革机遇，促进“两化融合”，以信息化促管理水平提升，以智能化促生产效率提高，加速行业全产业链的转型升级，由传统制造向数字化、网络化、智能化方向延伸拓展。

一、研制新型防伪技术，增强鉴伪识别能力

光学结构色防伪技术来自人类对仿生学——如蓝闪蝶翅膀物理结构的探索，其防伪效果在较大可视范围内呈现特定颜色，在大角度观察时颜色消失，同时在反光观察时，颜色突变为该颜色的补色，是光学防伪技术发展的前沿方向之一。

中国印钞造币总公司通过开展光学结构色防伪技术及工程化工艺研究，经过防伪元件制备、复制及工程化验证，掌握了核心技术、装备、工艺和材料，开发出全新光学结构色技术——ColorDance 技术。该技术不同于国际上欧元、英镑、俄罗斯卢布、日元等主流钞票采用的全息防伪技术借助油墨形成的颜色，真正实现了基于仿生学结构的颜色。不仅具备光学结构色的防伪特征，有效避免了全息防伪技术的颜色不稳定、易偏移，不易被识别等缺点。而且还具备动感、立体、浮雕等防伪特征，使光学结构色具备动态效果——ColorDance 特征，成为钞票光学防伪的新选择。

该研究成果已获得三项国际奖项，形成了多项创新防伪特征和产品

技术方案，广泛应用于各类安全线、宽条和防伪标产品开发中。目前，ColorDance 系列光学防伪技术和产品，在 2016 年版银联卡、中银香港纪念钞、银座高端卡、货币文化产品证书等产品以安全线、宽条和防伪标形式得到了应用或工程化可行性验证。

图 8-7 中银（香港）百年纪念钞安全线

图 8-8 新型人民币专项检测仪

为满足对特殊人民币假币展开密切监测的迫切需要，中国印钞造币总公司集合有针对性的技术力量，重点攻关，研制出集现有第五套人民币三线防伪特征于一体的专项检测仪。该检测仪以五口台式清分机为基础，加装自行研制的新型磁传感器和特殊标记物检测模块，具备在高速处理和清分过程中实现钞票 SM 特征双面检测、全票面磁性检测以及安全线特殊磁特征检测等功能。提升了对钞票图像、紫外荧光以及钞票厚度的检测能力，实现对特殊和高质量假币的快速检测和独立分仓。该检测仪在鉴伪技术、智能化、信息化等领域达到世界先进水平。并在针对 1999 年版、2005 年版和 2015 年版第五套人民币 100 元钞票的检测中投入使用。在特殊人民币假币监测、高质量假币鉴别，以及有效抵御假币威胁方面提供了关键设备保障。

二、构建数字印制系统，着力打造先进装备

印钞生产执行系统（Manufacturing Execution System，MES）以实现印钞行业智能制造目标为引领，以适应印钞企业生产经营持续发展需要为前提，以模型化系统建设思想为核心，以新一代信息技术为支撑，聚焦数字工厂建设。采用精益化管理理论，以生产计划与指挥调度、生产工艺与质量保障、生产跟踪与成本控制为三大主线，围绕印钞业务构建形成“数字印制”信息系统框架。建立起以“生产可视化、物流自动化、管理信息化、制度标准化、印刷数字化”为建设特点，与柔性生产模式、精益生产线布局、先进印钞制造装备、立体仓储及自动化物流体系相适应的印钞生产执行（MES）系统。目前已在 5 家印钞企业全面应用，促进了印钞行业传统制造业态的深度变革。

印钞生产执行（MES）系统基于物联网和工业大数据技术，通过工艺路径及一体化计划，串接工厂、车间、工序、设备、人员、物料等单元模型，借助看板、图表等手段，最终形成了物理实体工厂和数字虚拟工厂的双向互联。实现了生产计划高级排程、系统柔性配置、数据自动采集及实时反馈、管理流程自动化控制及可视化监测分析等功能，显著提升了生产现场的数据透明化程度，及企业的信息化指挥、数字化生产、智能化管控、精细化管理的能力。推

动了信息技术与产业结构升级的深度融合，形成一整套印钞行业新一代 MES 系统建设规范，为印制企业生产方式和组织形态带来了根本性变革。

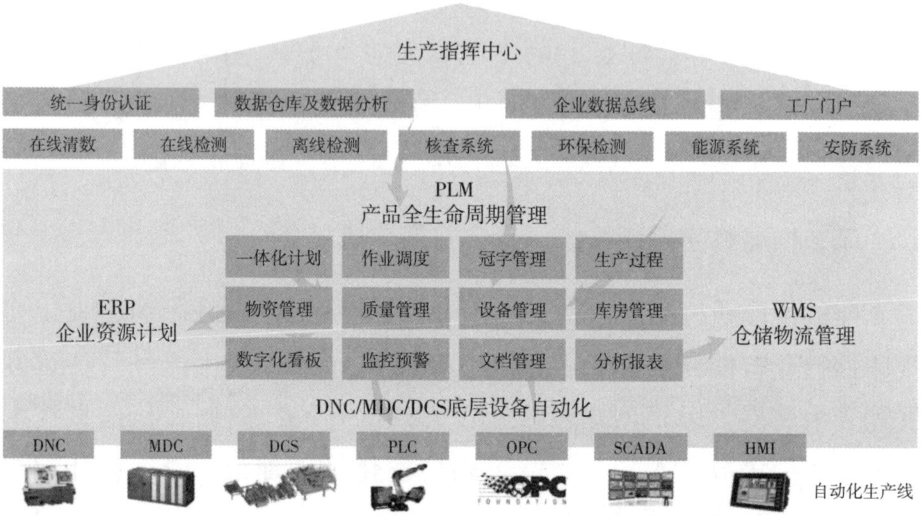

图 8-9　印钞生产执行（MES）系统整体架构

中国印钞造币总公司立足高质量发展，以科技创新为载体，始终致力于优化原印版检验检测能力，从钞券源头上把控印制质量。不断推进数字智能化钞券凹版质量检测系统的研发和应用工作，提升钞券凹版质量检查效率和缺陷的识别率，并成功研发出针对钞券印刷雕刻凹印原版和镍凹上机印版的凹版快速质量检测设备，实现了对大幅面钞券凹印原版和上机印版的图纹外观质量检查、缺陷识别比对、规矩线尺寸测量、影像记录等功能。后期又陆续研发版纹三维检测系统，实现了对凹原版多开多点的三维版纹深度自动测量和分析。在国际上首次将机器视觉技术成熟应用于钞券凹版质量检测，为出厂产品质量把控创造更加有利的基础条件，为我国印钞造币行业高质量发展提供更有力的装备保障。

在全世界印钞制版企业生产过程中，钞券原/印版的质量一直以来都是以人工检查检修的方式实现，整体效率较低，劳动强度大，漏检率高。凹版快速质量检测仪在镍凹印版、激光雕刻铜凹原版质量的检查上，建立定量的印版质量标准，自动快速识别影响印刷质量的缺陷。大幅降低质检人员的劳动强度、提高生产效率；降低传统人工检验的质量风险，显著提升原/印版及印品的质量控制水平，推进印钞行业原/印版质量控制进入数字化智能阶段。

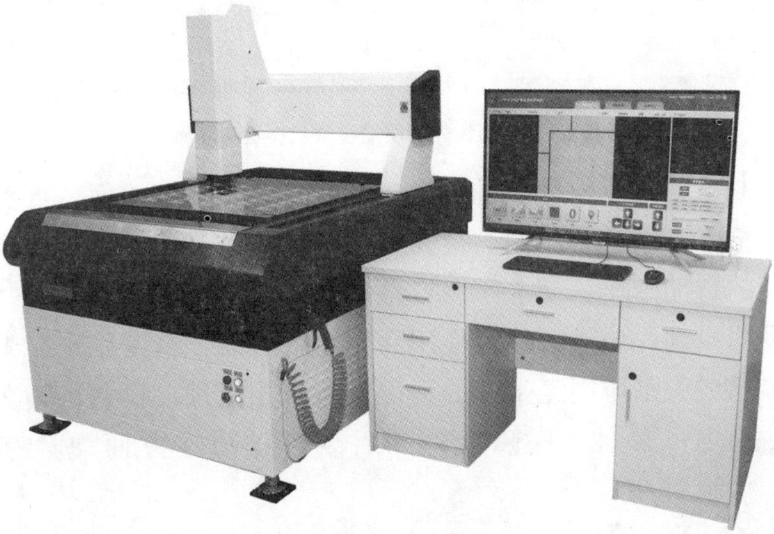

图 8-10　凹版快速质量检测仪

水印技术被公认为是一种易于公众识别，且行之有效的钞纸防伪技术。随着新版第五套人民币的发行，钞纸水印技术更加成熟，仿制难度进一步加大，票面高清水印得到了社会各界的广泛认可。高清水印铜网是高清水印纸生产的关键，中国印钞造币总公司经过持续不断的攻关，自主研制出钞纸圆网制作专用设备，打破了同类进口设备在行业的垄断地位，增强了行业生产保障能力，拓宽了行业印钞专用设备产品线。该设备综合运用了大行程直线伺服电机系统、超长导轨精度控制、高精度多轴同步控制、海量数据精确处理、复杂逻辑控制与编程实现、光栅尺反馈和高精度液压比例伺

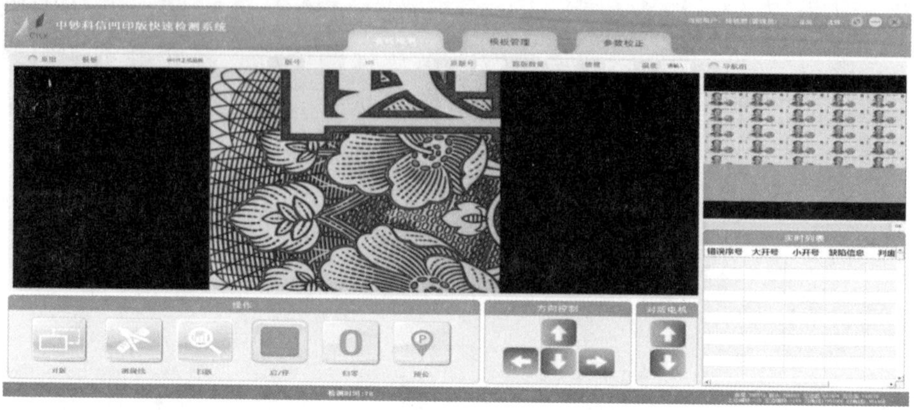

图 8-11　图纹外观质量模块软件检测界面

服阀控制、视觉定位等多种技术，有效扩大了加工幅面，可直接对三幅钞纸水印网进行压制。高亮水印膜片的准确识别、定位以及高效连续的自动套压，使水印一致性和网笼质量得到大幅提升，获得国家发明专利。该设备投入使用后，运行可靠，精度稳定，生产效率高，已成为水印网笼生产的关键设备。相比进口设备，其在控制精度、稳定可靠性、保障能力和后期维护成本方面均具有较大优势。

第三节　小　结

一直以来，中国印钞造币行业立足为央行履职服务的功能定位，以推动高质量发展为主题，全方位对标国际一流货币，加大科技创新力度，不断完善印钞造币生产工艺，实现了人民币设计水平、防伪技术以及印制综合质量的全面提升，保障了货币发行和人民币反假等工作的顺利开展，加强了人民币流通秩序的保障力量，为维护金融稳定提供了技术支撑。未来，中国印钞造币行业将持续推动人民币现金制造产业全面升级，赋予产品更新的防伪技术、更强的

图 8-12　自动压网机

艺术美感、更高的服务水准，不断夯实行业发展根基，促进现金制造业务向更高水平迈进。努力实现更高质量、更高效率、更强竞争力、更大影响力和更加可持续发展的新格局，为更好地服务央行履职奠定基础。

结束语

当今世界正经历百年未有之大变局，国内外环境发生深刻变化，不稳定性不确定性明显增加。新冠肺炎疫情影响广泛深远，经济全球化遭遇逆流，世界进入动荡变革期；全球产业链、供应链受到明显冲击，产业变革日益深入，经济社会数字化转型加速；新一轮科技革命正加速演进，大数据、人工智能、云计算、区块链、物联网等新兴技术呈现群发性突破态势，与金融业深度融合，驱动金融业高质量发展。面对新形势、新挑战，银行业不断提升信息技术自主创新能力，以科技创新催生发展新动能，加快数字化、智能化转型升级。

近年来，金融科技已成为金融机构数字化转型的新动能，也是践行普惠金融、服务实体经济的新引擎。银行业瞄准关键核心技术，把握数字化发展方向，开展技术架构转型、前沿技术应用、金融科技生态建设等方面的探索实践。一是优化核心技术体系，度夯实银行业发展根基。各机构不断增强关键核心技术掌控能力，建设高效规范的金融信息基础设施，积极推进分布式架构转型，构建适应数字时代发展的金融科技能力体系。二是创新应用前沿技术，赋能金融服务提质增效。各机构积极推进人工智能、区块链、云计算等技术的探索研究和应用落地，全方位赋能产品创新、客户营销、业务经营、风险控制和管理决策等，重塑金融业务流程，推动金融业务降本增效。三是构建金融科技生态圈，增强市场竞争力。各机构积极打造金融科技生态圈，通过协同共建释放分布式创新潜能，形成新技术不断涌现、金融领域应用不断深化、金融产品服务不断丰富的良性循环局面。

金融科技创新在为金融发展注入新活力的同时，也面临着金融风险传染性更强、传播速度更快、隐蔽性更高等严峻挑战。银行业要坚持积极审慎的态度，“稳”字当先，坚持创新与安全双轮驱动、协同并进。展望“十四五”，我国发展仍然处于重要战略机遇期，为更好落实高质量发展和“双循环”新发展格局的要求，银行业要加快新技术创新应用，推进科技创新纵深发展，成为自我革新的技术先行者；加快自身数字化转型升级，发挥数据要素的赋能作用，加强产品模式创新，全面提升核心竞争力；坚持守正创新，运用科技赋能金融安全体系和能力建设，扎牢织密金融创新安全网，用数据和智能守住安全和风险防控底线；推动生态圈的协同共建，实现多向赋能，布局场景金融，不断拓展金融业务的深度和广度，提升金融公共服务能力。未来，银行业要以科技创新为支撑，凝心聚力加速迈向全面互联、协同创新的新阶段，为实现经济社会高质量发展贡献力量。

后　记

《银行业信息化年度成果报告（2020）》一书是年度前沿科技研究成果实践经验和思想见解的载体，凝聚了各相关部门和专家的心血，打造了行业内外技术共享与交流的窗口，相互启发、互相激励、不断提高；也见证了中国银行业信息化发展的不凡历程。

本书的顺利编著，得益于中国人民银行领导的高度重视。范一飞副行长亲自为本书做指导；科技司司长李伟担任编委会主编，编委会还邀请了各大商业银行的领导组成咨询委员会，进行全程指导和支持。

本书在吸收和借鉴国内优秀的科技成果的同时，广泛参考了相关技术材料，经编写组共同研究、编写、修改后形成。特别感谢中国光大银行在编撰方面给予的大力支持，同时也感谢国家开发银行、中国工商银行、中国农业银行、中国银行、中国建设银行、交通银行、中国邮政储蓄银行、招商银行、上海浦发银行、中国民生银行、上海银行、微众银行、中国印钞造币总公司的参与。本书成稿后，我们分别发往内容相关机构征求了审稿意见，并根据意见进行了认真修改完善，在此表示衷心的感谢！

囿于编者的学识和能力，书中难免存在疏漏和错讹，敬请各界专家和广大学者提出批评和改进意见，助力我们不断完善。

本书编写组

2021 年 3 月